파이썬을 이용한 인터랙티브 대시보드 만들기
Interactive Dashboards with Plotly & Dash

발 행 | 2021년 06월 01일
저 자 | 홍성준, 홍성수
펴낸이 | 한건희
펴낸곳 | 주식회사 부크크
출판사등록 | 2014.07.15(제2014-16호)
주 소 | 서울특별시 금천구 가산디지털1로 119 SK트윈타워 A동 305호
전 화 | 1670-8316
이메일 | info@bookk.co.kr

ISBN | 979-11-372-4679-9

파이썬을 이용한
인터랙티브 대시보드 만들기

Interactive Dashboards with Plotly & Dash

홍성준, 홍성수 지음

CONTENT

시작하며

데이터 사이언스를 목표로 다양한 연구를 진행하며 공부를 병행하고 있습니다. 주로 데이터 분석을 위해 R과 SAS를 사용하였고, 파이썬은 예측 모델을 개발하며 처음 접하게 되었습니다. 이후 개인적인 흥미로 Plotly를 이용한 인터랙티브 시각화를 해보면서 Dash를 이용한 웹 대시보드까지 접하게 되었습니다.

시중엔 프로그래밍을 통한 대시보드 개발 내용의 책들은 많이 있지만, 초보자들이 쉽게 접근해서 활용할 수 있는 수준은 아니었습니다. 주로 Javascript로 다룬 책들이 대부분이었고, 초급 수준에서 참고하기엔 쉽지 않은 수준이었습니다. 대표적인 진입 장벽으로는 개발 환경을 셋팅하는 것이었고, 그 다음은 이해가 쉽지 않은 개발자 위주의 설명이었습니다. 저도 그중 한 사람으로 진입 장벽을 넘지 못하였고, 상대적으로 진입 장벽이 낮고 수월하게 대시보드를 개발할 수 있는 파이썬 Plotly와 Dash를 공부하게 되었습니다.

파이썬으로 웹 대시보드를 개발하면서 겪었던 가장 큰 문제점은 시중에 Plotly와 Dash를 참고할 만한 서적이 없었습니다. 주로 원서 또는 구글링을 통해 학습했는데, 기본 그래프 시각화부터 대시보드 배포까지 스텝 바이 스텝으로 설명된 글들이 없었습니다. 단순히 개인적으로 공부한 것들을 정리하다가, 저와 같은 상황에 있는 사람들에게 도움이 될 수 있지 않을까 생각하며 집필하게 되었습니다.

초급과 중급 사이의 수준을 어떻게 잘 연결해야 쉽게 설명이 될지, 그리고 쉽게 이해를 시킬 수 있을지를 가장 많이 고민했습니다. 파이썬 초급 기준으로 설명하였고, 데이터 시각화를 위한 기본 그래프 구현부터 웹 대시보드 개발과 배포까지 필수적으로 알아야 할 내용들 위주로 기술하였습니다. 또한, 대시보드 구조 파악과 구성요소들의 연결을 통해 인터랙티브 대시보드를 개발할 수 있도록 도식화를 통해 기술하였습니다.

책에 작성된 코드는 어떻게 하면 더욱 효율적인 데이터 시각화가 가능할지, 그리고 대시보드 개발과 관리가 수월할지에 대한 개인적인 경험의 산출물입니다. 코드를 작성하는 것에는 정답은 없습니다. 책의 코드도 기본 구조를 바탕으로 하여 효율성을 위해 경험을 녹여낸 것뿐이지, 전혀 다른 방식으로도 구현될 수 있습니다. 따라서 이 책을 통해 기본적인 개념만 숙지한다면, 대시보드를 개발하는데 큰 어려움은 없을 것으로 생각됩니다.

이 책은
  1) 파이썬을 이용해서 인터랙티브 시각화를 하고 싶은 초급자
  2) 파이썬으로 대시보드를 개발하고 배포하고자 하는 분

위와 같은 분들에게 도움이 되길 바라며, 이 책을 통해 역량을 키울 수 있기를 희망합니다.

제 1 장. 파이썬 시작하기

1. 파이썬 (Python)

파이썬은 대표적인 **오픈소스 프로그램**으로 초보자들도 어렵지 않게 프로그래밍 작업을 할 수 있는 **언어(Language)**입니다. 무료 소프트웨어로서 파이썬을 설치하거나 사용하는데 비용이 들이 않고, 자유롭게 작성하거나 수정 및 배포 공유가 가능합니다.

다른 오픈소스 프로그램들에 비해 파이썬이 데이터 처리 및 가공에 있어서 속도가 빠릅니다. 더욱이 오픈소스이기 때문에 커뮤니티가 활성화되어 있고, 사용자 간의 코드 공유 및 패키지 개발과 배포도 가능합니다.

객체 지향 언어의 한 종류로, **구성요소를 객체(object)로 정의**하여 프로그램을 작성할 수 있습니다. 정의된 객체는 삭제하지 않는다면 언제든 다시 사용할 수 있는 장점이 있습니다. 프로그램을 작성하는 과정에서 내용을 추가하거나 수정을 하더라도 객체 단위로 처리가 되기 때문에 유지 보수가 편리합니다.

이 책의 목표인 대시보드 개발부터 더 나아가 플랫폼 개발도 가능하도록 기반을 다질 수 있습니다. 기본 사용법을 능숙하게 다룰 수 있고 숙련도가 쌓인다면, 안드로이드 앱 개발 및 머신러닝, 딥러닝까지 활용성이 광범위합니다.

빅데이터 시대에서 데이터 사이언스가 되기 위한 초석으로 활용하기에 좋은 프로그램입니다.

1.1. 개발 환경

이 책은 파이썬 기본 사용법을 배운 초보자 대상으로 설명합니다. 대부분의 사용자들은 익숙한 Windows 환경을 사용하기 때문에, **Windows 환경**에서 웹 대시보드를 개발하는 것에 중점을 둡니다. 사용자의 Windows 환경을 확인하기 위한 방법은 다음과 같습니다.

· 내 PC (마우스 우클릭) - 속성

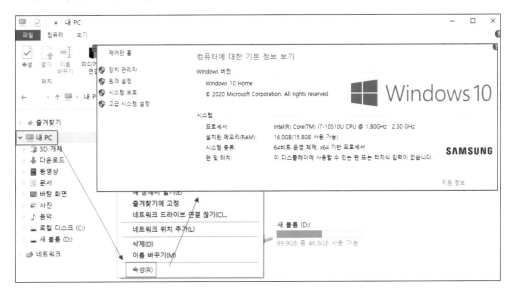

파이썬의 버전은 크게 버전 2와 버전 3으로 구분할 수 있는데, 버전 3에서 모든 변수가 객체(object)로 처리가 되기 때문에 버전 3을 사용합니다. 이 책에선 그래프를 작성하기 위해 그래프를 이루는 요소들을 객체(object)에 저장하고, 마지막에 리스트(List)로 취합하여 그래프로 반환하는 방식으로 설명합니다.

개발 환경 설정	
운영체제(OS) 환경	Windows 10 (64bit)
파이썬	3.x

그래프 구현 및 대시보드 개발을 위해 주로 사용하는 라이브러리(패키지)는 총 4개로 Pandas, Numpy, Plotly, Dash입니다. 일부 라이브러리에 대해서는 사용 요약본인 'Cheat Sheet'가 배포되어 있는데, GitHub에서 다운로드할 수 있습니다.

[GitHub] https://github.com/hong-sj/python/tree/main/cheat_sheet

- Pandas: 데이터 조작 및 분석을 위한 라이브러리
- Numpy: 행렬이나 배열을 쉽게 처리할 수 있는 라이브러리
- Plotly: Interactive 시각화를 위한 라이브러리
- Dash: 웹 기반의 프레임워크를 제공해주는 라이브러리

라이브러리 (데이터)	버 전
Pandas	1.2.4
Numpy	1.19.2

라이브러리 (시각화)	버 전
Plotly	4.14.3
Dash	1.19.0

이미 각자의 환경에 맞추어 파이썬이 설치되어 있고 문제없이 작동한다면, 위에 설명한 라이브러리 버전이 꼭 동일할 필요는 없습니다.

1.2. 파이썬 설치

파이썬 설치를 위해서 **아나콘다(Anaconda)**를 사용합니다. 아나콘다는 간편한 라이브러리 관리와 개발을 위한 프로그래밍 언어의 무료 오픈소스입니다. 아나콘다 다운로드 홈페이지에 접속하여 **Windows 10 (64bit)**과 파이썬 버전에 맞추어 해당되는 설치 프로그램을 다운로드합니다.

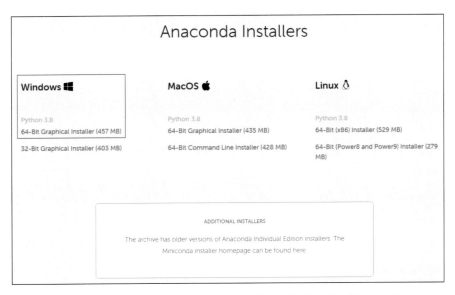

· (URL) https://www.anaconda.com/products/individual#Downloads

다운로드한 아나콘다 설치 파일을 실행하여 설치를 진행해 줍니다. 파이썬과 주피터 노트북도 함께 설치됩니다.

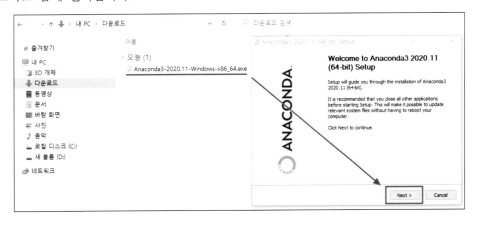

설치가 완료되면 시작 메뉴에서 아나콘다와 편집기인 주피터 노트북이 설치된 것을 볼수 있습니다. **파이썬은 라이브러리 버전에 영향을 많이 받기 때문에, 프로젝트 진행 시별도의 독립된 가상환경을 생성하여 작업을 진행합니다.** 일반 환경에서 실행해도 무방하지만, 이 책에서는 가상환경을 생성하고 파이썬과 라이브러리의 특정 버전을 설치하는 방법으로 설명합니다.

현재 파이썬은 default로 설정되어 있는 3.8.5 버전이 설치되고, 해당 버전으로도 개인 PC에서 대시보드를 개발하는 것에 큰 문제는 없습니다. 하지만 **사용할 플랫폼 가상환경 내에서 앱 배포 시 요구하는 파이썬 버전이** 있기 때문에, 가상환경에 특정 버전으로 환경을 구축하여 개발 및 테스트를 진행합니다.

개발 시 사용되는 패키지마다 특정 버전을 요구하는데, 그런 상황이 발생할 때마다 업그레이드 또는 다운그레이드를 해주어야 합니다. 이런 과정에서 버전 충돌이 일어날 수 있는데, 가상환경을 생성하여 특정 버전의 파이썬과 패키지를 설치해주면 모든 문제가 해결됩니다.

아래는 앱 배포에 사용할 'Heroku'라는 플랫폼 서비스에서 호환되는 파이썬 버전을 명 시한 내용입니다. 예를 들어, 3.6의 경우는 3.6.13버전, 3.9의 경우는 3.9.5버전에 맞추어 설정해주어야 합니다. 버전이 다른 경우, 에러가 발생하며 앱이 배포가 되지 않습니다. 내용이 업데이트되는 경우, 아래의 웹페이지에서 확인할 수 있습니다. 이 책에서는 안정적인 3.7.10 버전을 사용합니다.

Supported runtimes

- `python-3.9.5` on all supported stacks
- `python-3.8.10` on all supported stacks
- `python-3.7.10` on all supported stacks
- `python-3.6.13` on all supported stacks

> ⓘ If you are seeing "Requested runtime is not available for this stack" errors using one of the versions above, check that your app is using the __latest version of the Python buildpack__.

· (URL) https://devcenter.heroku.com/articles/python-support

1.3. 가상환경 구축

Anaconda를 이용하여 가상환경을 생성함과 동시에, 파이썬 3.7.10 버전을 설치하는 과정은 다음과 같습니다.

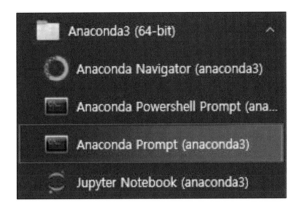

1) Anaconda Prompt에서 다음의 코드를 실행하여 anaconda를 최신 버전으로 업데이트 해줍니다. (Proceed ([y]/n)? 메시지가 뜨면, y 입력 후 엔터)

(코드) conda update -n base conda

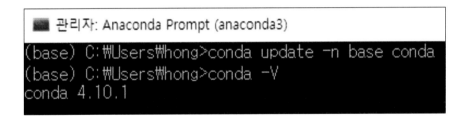

아래의 코드는 anaconda만이 아닌, 설치되어 있는 패키지 전체를 업데이트 해줍니다. 설치되어 있는 패키지들을 최신으로 업데이트하고 싶은 경우, 해당 코드를 사용하면 됩니다.

(코드) conda update --all

2) Anaconda Prompt에서 가상환경을 생성함과 동시에, 파이썬 3.7.10 버전을 설치해 줍니다. 가상환경에 관련된 코드는 다음과 같습니다.

코 드	내 용
conda env list	· 설치되어 있는 가상환경 확인
conda create -n dash python=3.7.10	· dash라는 이름의 가상환경에 3.7.10 버전 파이썬 설치
activate dash	· dash 가상환경 활성화
python -V	· 파이썬 버전 확인
jupyter notebook	· 주피터 노트북 실행
Ctrl + C	· 주피터 노트북 종료
deactivate	· 가상환경 비활성화
conda env remove -n dash	· dash라는 이름의 가상환경 제거

위에서 'dash'는 예시로 생성한 가상환경 이름이고, 다른 이름을 사용해도 무방합니다. 'dash' 위치가 생성할 가상환경 이름의 위치라는 것만 기억하면 됩니다.

일반적으로 가상환경을 생성하여 사용하는 순서를 요약하면 다음과 같습니다.
 1) 가상환경 생성
 2) 가상환경 활성화
 3) 주피터 노트북 실행
 4) 파이썬 사용
 5) 주피터 노트북 종료
 6) 가상환경 비활성화
가상환경 생성 후에는 2) ~ 6)의 과정을 반복하여 작업합니다.

'dash'라는 이름의 가상환경에 파이썬 3.7.10 버전을 설치하고, 정상적으로 설치가 됐는지 확인해줍니다. (Proceed ([y]/n)? 메시지가 뜨면, y 입력 후 엔터)

(코드) conda create -n dash python=3.7.10

'dash' 가상환경을 활성화시키기 위해선 activate를 입력해주어야 하고, 활성화가 됐는지는 command 맨 앞에 (base)에서 (dash)로 바뀐 것을 통해 확인할 수 있습니다. 가상환경 내에 파이썬 3.7.10 버전이 정상적으로 설치된 것도 확인할 수 있습니다.

(코드) activate dash

(코드) python -V

앱을 배포하는 과정은 제4장에서 다룰 예정입니다.

2. 주피터 노트북 (Jupyter Notebook)

설치된 파이썬을 손쉽게 사용하기 위해 주피터 노트북을 사용합니다. 주피터 노트북은 코드 및 마크다운(markdown)이 포함된 문서 작성 및 공유가 가능한 오픈소스 웹 응용 프로그램입니다. 쉽게 말해 프로그램 코드를 웹 브라우저에서 실행해주는 대화형 편집기입니다.

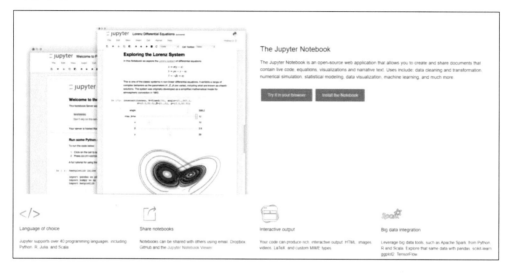

주피터 노트북의 장점을 몇 가지 정리하면 다음과 같습니다.

  1) 파일창을 통해 손쉬운 파일 관리

  2) 파이썬 코드를 줄 마다 실행하여 결과 확인 가능

  3) 설치되어 있지 않은 라이브러리 설치 가능

주피터 노트북을 실행하는 방법은 여러 가지가 있지만, 가장 쉬운 방법은 'Jupyter Notebook' 아이콘을 클릭하여 실행하는 방법입니다. (책에서는 가상환경을 이용하여 설명하기 때문에, 일반적인 방법이 아닌 가상환경에서의 주피터 노트북을 실행시켜야 합니다. 이 방법은 기본적인 주피터 노트북 설명 후, 이어서 설명합니다.)

주피터 노트북을 실행하면 아래 사진의 오른쪽처럼 CMD 창이 뜨고, 그 다음 브라우저 창에서 실행됩니다.

이 때, 브라우저의 접속 주소는 http://localhost:8888로 설정됩니다. 처음 나오는 화면에서 폴더 및 파일에 대한 관리가 가능합니다. 작업할 폴더를 새로 생성하거나, 사전에 생성해 둔 폴더로 이동도 가능하고 삭제도 가능합니다.

다음 사진처럼 바탕화면에 미리 생성해 둔 python 폴더로 이동한 뒤, 오른쪽 상단부 탭에서 'New'를 클릭하여 'Python 3'을 눌러주면 파이썬이 실행됩니다.

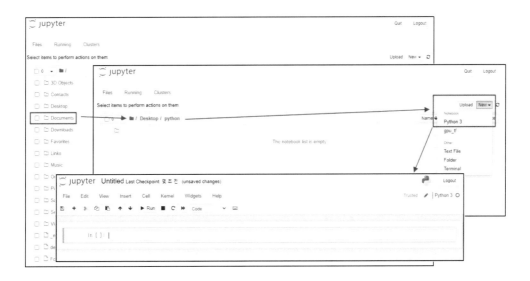

주피터 노트북을 종료하는 방법은 활성화 중인 파이썬 창을 'Shutdown'을 눌러 종료 시켜주고, 웹 브라우저를 종료하면 됩니다. 이 때, 파이썬 창이 잘 종료됐는지는 CMD 창을 보면 'Kernel shutdown:' 이라는 문구로 확인할 수 있습니다.

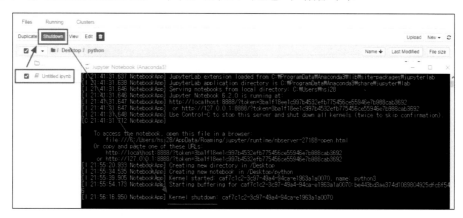

이러한 방법은 일반적인 방법이고, 이제 앞에서 생성한 **가상환경을 기반으로 주피터 노트북을 실행**하는 방법에 대해 설명합니다. 방법은 가상환경을 활성화시키고, 다음의 코드를 실행합니다. (command 맨 앞에 가상환경 이름으로 활성화 확인)

(코드) activate dash

(코드) jupyter notebook

```
(dash) C:\Users\hsj28>jupyter notebook
[I 20:46:48.789 NotebookApp] JupyterLab extension loaded from C:\ProgramData\Anaconda3\lib\site-packages\jup
yterlab
[I 20:46:48.789 NotebookApp] JupyterLab application directory is C:\ProgramData\Anaconda3\share\jupyter\lab
[I 20:46:48.794 NotebookApp] Serving notebooks from local directory: C:\Users\hsj28
[I 20:46:48.794 NotebookApp] Jupyter Notebook 6.2.0 is running at:
[I 20:46:48.794 NotebookApp] http://localhost:8888/?token=30858ca15f92da596956a20d53f7e7b6ec07c5449a49175a
[I 20:46:48.795 NotebookApp]  or http://127.0.0.1:8888/?token=30858ca15f92da596956a20d53f7e7b6ec07c5449a4917
5a
[I 20:46:48.797 NotebookApp] Use Control-C to stop this server and shut down all kernels (twice to skip conf
irmation).
[C 20:46:48.895 NotebookApp]

    To access the notebook, open this file in a browser:
        file:///C:/Users/hsj28/AppData/Roaming/jupyter/runtime/nbserver-23592-open.html
    Or copy and paste one of these URLs:
        http://localhost:8888/?token=30858ca15f92da596956a20d53f7e7b6ec07c5449a49175a
     or http://127.0.0.1:8888/?token=30858ca15f92da596956a20d53f7e7b6ec07c5449a49175a
```

코드를 실행하여 주면 앞에서 일반적인 방법으로 실행시킨 것과 같이, 브라우저 창이 활성화되면서 주피터 노트북이 실행됩니다.

주피터 노트북에서 직접적으로 사용하는 라이브러리를 호출할 수 있고, 호출된 라이브러리의 버전을 확인할 수 있습니다. 또한, 설치되지 않은 라이브러리도 설치할 수 있습니다. (설치되지 않은 라이브러리를 호출하면 에러 메세지가 출력됩니다.)

· [라이브러리 호출] import 라이브러리이름

· [라이브러리 확인] 라이브러리이름.__version__

· [라이브러리 설치] !pip install 라이브러리이름

· [라이브러리 설치] !pip install 라이브러리이름==버전

라이브러리를 설치하는 경우 이름만 명시해도 되지만, 특정 버전을 설치하는 경우엔 버전을 명시하여 설치해줍니다.

(예시) !pip install plotly   또는   !pip install plotly==4.14.3

```
import pandas as pd
import numpy as np

pd.__version__

'1.2.4'

np.__version__

'1.19.2'

import plotly
```

```
ModuleNotFoundError                        Traceback (most recent call last)
<ipython-input-4-6361d2547ebc> in <module>
----> 1 import plotly

ModuleNotFoundError: No module named 'plotly'
```
                                                                    Error Message

```
!pip install plotly==4.14.3          ⬅  Install
Collecting plotly
  Downloading plotly-4.14.3-py2.py3-none-any.whl (13.2 MB)
Collecting retrying>=1.3.3
  Downloading retrying-1.3.3.tar.gz (10 kB)
Requirement already satisfied: six in c:\users\hong\anaconda3\lib\site-packages (from plotly) (1.15.0)
Building wheels for collected packages: retrying
  Building wheel for retrying (setup.py): started
  Building wheel for retrying (setup.py): finished with status 'done'
  Created wheel for retrying: filename=retrying-1.3.3-py3-none-any.whl size=11434 sha256=5117168a44af500c7b8e73dfc5a25e768db264cf5f9775f63
8b33425d92b72d1
  Stored in directory: c:\users\hong\appdata\local\pip\cache\wheels\c4\a7\48\0a434133f6d56e978ca511c0e6c38326907c0792f67b476e56
Installing collected packages: retrying, plotly
Successfully built retrying
Installing collected packages: retrying, plotly
Successfully installed plotly-4.14.3 retrying-1.3.3

import plotly
plotly.__version__

'4.14.3'
```

모든 작업을 완료한 다음, 주피터 노트북을 종료하는 방법은 2가지가 있습니다.

1) 단순히 모든 창을 종료
2) anaconda prompt에서 'Ctrl + C'를 눌러서 주피터 노트북 종료 후,
   deactivate를 입력하여 가상환경 비활성화

번거롭다면 1)의 방법으로 모든 창을 종료해도 되지만, 만약 서버에 환경을 구축한 경우라면 deactivate를 하여 가상환경을 비활성화해주어야 서버의 메모리 낭비를 막을 수 있습니다.

아래처럼 프롬프트 창에서 'Ctrl + C'를 눌러준다면, interrupted 문구가 나오면서 주피터 노트북이 종료됩니다. 브라우저 창이 활성화되어 있다고 하더라도 이미 종료가 된 상태이기 때문에 더 이상의 작동은 되지 않습니다.

```
(base) C:\Users\hsj28>activate dash

(dash) C:\Users\hsj28>jupyter notebook
[I 09:50:50.208 NotebookApp] JupyterLab extension loaded from C:\ProgramData\Anaconda3\lib\site-packages\jupyterlab
[I 09:50:50.208 NotebookApp] JupyterLab application directory is C:\ProgramData\Anaconda3\share\jupyter\lab
[I 09:50:50.211 NotebookApp] Serving notebooks from local directory: C:\Users\hsj28
[I 09:50:50.211 NotebookApp] Jupyter Notebook 6.2.0 is running at:
[I 09:50:50.212 NotebookApp] http://localhost:8888/?token=99cb41dc6a1d734f9dc4d2266caff2501a3ca142d6a00c31
[I 09:50:50.212 NotebookApp]  or http://127.0.0.1:8888/?token=99cb41dc6a1d734f9dc4d2266caff2501a3ca142d6a00c31
[I 09:50:50.212 NotebookApp] Use Control-C to stop this server and shut down all kernels (twice to skip confirmation).
[C 09:50:50.271 NotebookApp]

    To access the notebook, open this file in a browser:
        file:///C:/Users/hsj28/AppData/Roaming/jupyter/runtime/nbserver-2164-open.html
    Or copy and paste one of these URLs:
        http://localhost:8888/?token=99cb41dc6a1d734f9dc4d2266caff2501a3ca142d6a00c31
     or http://127.0.0.1:8888/?token=99cb41dc6a1d734f9dc4d2266caff2501a3ca142d6a00c31
[W 09:51:05.166 NotebookApp] Notebook Desktop/Book/python/code/Untitled.ipynb is not trusted
[I 09:51:05.425 NotebookApp] Kernel started: b27c2b8f-74c5-4232-8ca8-bb1e1eb0be8c, name: python3
[I 09:51:11.512 NotebookApp] Starting buffering for b27c2b8f-74c5-4232-8ca8-bb1e1eb0be8c:6555b9f2df79479abf17a4f197d2c3f
9
[I 09:51:14.107 NotebookApp] Kernel shutdown: b27c2b8f-74c5-4232-8ca8-bb1e1eb0be8c
[I 09:51:20.272 NotebookApp] Interrupted...
[I 09:51:20.274 NotebookApp] Shutting down 0 kernels
[I 09:51:20.275 NotebookApp] Shutting down 0 terminals

(dash) C:\Users\hsj28>deactivate
```

3. 사용 데이터 소개

대시보드 개발에 사용할 실습 데이터를 소개하겠습니다. 데이터 종류는 총 2개로 1) Sales data, 2) Public data가 있습니다. 데이터는 GitHub에서 다운로드할 수 있습니다.

[GitHub]　https://github.com/hong-sj/python/tree/main/data

3.1. Sales Data (매출 데이터)

매출 데이터는 판매, 상품, 국가 총 3가지 데이터로 이루어져 있습니다.

· Country : 국가의 코드, 명칭, 좌표 데이터

· Item : 상품의 코드, 명칭, 카테고리 데이터

· Sales : 판매 데이터 (주문 정보, 수량, 판매, 비용 등)

데이터셋은 총 3개로, 총 2번의 결합을 진행해야 하고, 각 데이터셋의 연결 Key는 다음과 같습니다.

· (Key 1) Sales (ItemCode 변수) ↔ Item (ItemNo 변수)
· (Key 2) Sales (MapCode 변수) ↔ Item (County Code 변수)

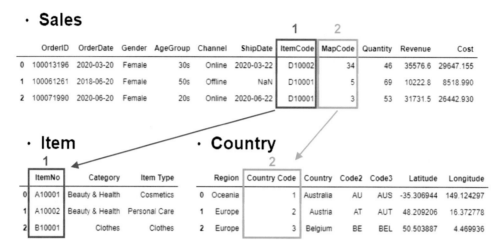

데이터 결합을 위해 Pandas 라이브러리에서 제공하는 **merge( )** 코드를 이용합니다. 코드의 구성은 다음과 같고, 결합할 데이터셋들과 Key 변수들을 순서에 맞추어 입력하고 실행하면 됩니다. 데이터들은 입력한 값에 맞추어 **공통키를 기준으로 결합**됩니다.

데이터 결합을 위한 pandas merge( ) 구문

```
import pandas as pd                    # pandas 라이브러리 호출 후 pd로 명명
pd.merge(left, right,                   # 결합할 데이터프레임 객체 입력
         how = 'inner',                 # inner (default), left, rigth, outer
         on = None,                     # 공통 Key 변수
         left_on = None,                # 왼쪽 데이터프레임 변수를 Key로 사용
         right_on = None,               # 오른쪽 데이터프레임 변수를 Key로 사용
         left_index = False,            # True: 왼쪽 데이터프레임 index를 Key로 사용
         right_index = False,           # True: 오른쪽 데이터프레임 index를 Key로 사용
         sort = True,                   # 결합된 데이터프레임을 Key 기준으로 정렬
         suffixes = ('_x', '_y'),       # 중복 변수명에 접두사 부여 (default)
         copy = True,                   # 결합할 데이터프레임 복사
         indicator = False)             # 결합 후 출처 정보 추가
```

전체적인 결합 과정은 다음과 같습니다.

→ Pandas 라이브러리 및 데이터 호출

→ 판매 데이터와 상품 데이터 결합

→ 국가 데이터를 추가적으로 결합 후, 파일 내보내기

```
import pandas as pd
```

파일 불러오기

```
# 상위 폴더로 이동 후 data 폴더로 이동
path = '../data/'
```

```
# Sales data
sales = pd.read_csv(path + 'Sales data/Sales.csv')
```

```
# Item data
item = pd.read_csv(path + 'Sales data/Item.csv')
```

```
# Country data
country = pd.read_csv(path + 'Sales data/Country.csv')
```

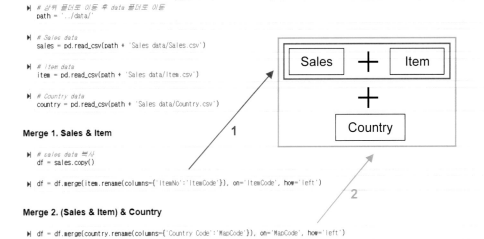

Merge 1. Sales & Item

```
# sales data 복사
df = sales.copy()
```

```
df = df.merge(item.rename(columns={'ItemNo':'ItemCode'}), on='ItemCode', how='left')
```

Merge 2. (Sales & Item) & Country

```
df = df.merge(country.rename(columns={'Country Code':'MapCode'}), on='MapCode', how='left')
```

csv 파일로 내보내기

```
df.to_csv('Sales data/Data.csv', index=None)
```

※ Tip.

경로 설정에서 "../"는 상위 폴더로 이동을 의미합니다. 일반적으로 코드와 데이터를 구분하여 관리하는데, 주피터 노트북의 경우 코드가 위치한 경로를 기본 경로로 인식합니다. 따라서 "../data/"를 이용해서 상위 폴더로 이동 후 다시 'data' 폴더로 이동시켜서 데이터 호출을 해줍니다.

※ Tip.

Key의 이름이 다를 경우, rename( )을 사용하여 이름을 변경해줍니다. 이렇게 하지 않으면 각 데이터셋에서의 Key를 참조하기 때문에, 결합하는 과정에서 하나의 정보로 합쳐지지 않고 독립적으로 인식됩니다. 크게 문제는 되지 않지만, 메모리 낭비와 변수명의 혼동이 있을 수 있습니다.

실습 편의를 위해 위의 3가지 데이터를 적절하게 결합하여 1개의 최종 데이터 파일로 생성해 두었고, 코드와 데이터는 GitHub에서 다운로드할 수 있습니다.

· Data : 가공 매출 데이터

3.2. Public Data (코로나19 데이터)

이 데이터는 실습을 위해 공공 데이터를 가공하였고, 연도별 호흡기 질환 비교와 코로나 전·후로 차이가 있는지 비교를 위한 데이터입니다.

공공 데이터의 source는 다음과 같습니다. 코로나 데이터는 '존스 홉킨스 COVID-19 GitHub', 호흡기 질환 데이터는 '질병관리청 감염병 포털'에서 수집하였습니다.

· COVID-19 (URL) https://github.com/CSSEGISandData/COVID-19

· 호흡기 질환 (URL) http://www.kdca.go.kr/npt/biz/npp/nppMain.do

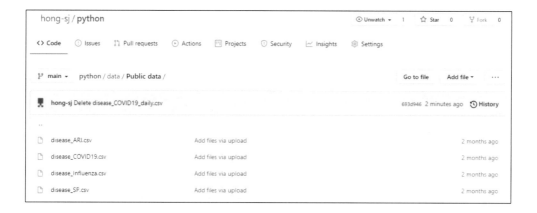

· disease_COVID19 : 한국 코로나19 확진자 데이터 (2020년, 주별 누적)

· disease_ARI : 급성 호흡기 감염증 발생수 데이터 (2018~2020년, 주별)

· disease_Influenza : 인플루엔자 발생수 데이터 (2018~2020년, 주별)

· disease_SP : 폐렴구균 발생수 데이터 (2018~2020년, 주별)

Plotly의 기본적인 그래프를 실습하는 과정에서 매출 데이터를 이용하고, 실습한 각각의 그래프를 통합하여 대시보드로 구현합니다. 매출 데이터의 대시보드가 완성되고 나면, 코로나19 데이터를 이용하여 대시보드를 구현합니다.

3.3. 실습 코드 다운로드

이 책에서 사용될 실습 코드는 GitHub에서 다운로드할 수 있습니다.

[GitHub]　https://github.com/hong-sj/python/tree/main/code

다운로드할 수 있는 코드는 2가지로, ‘code-ipynb’ 폴더에는 ipynb 확장자 코드로 주피터 노트북에서 바로 확인 가능합니다. ‘code-py’ 폴더에는 py 확장자 코드를 다운로드할 수 있습니다.

4. 책의 목표

앞서 설명한 바와 같이 파이썬은 무료 오픈소스 프로그램입니다. 데이터 처리 및 분석 등 다양한 작업이 가능하지만, 이 책은 초보자들을 위한 내용으로 구성되어 있기 때문에 그래프 기본 구문을 토대로 시각화에 중점을 두었습니다.

전체적인 개발 구조와 구현 순서는 다음과 같습니다.

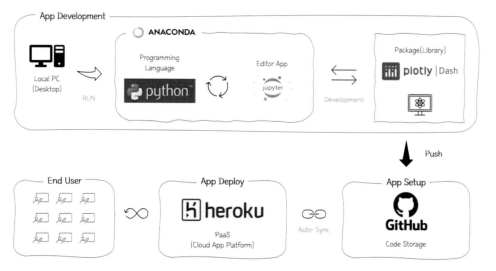

1) PC에 개발 환경 구축하기 (윈도우 환경 - 아나콘다 이용)

2) Plotly를 이용하여 데이터 시각화 구현하기

3) Dash를 이용하여 대시보드 개발하기

4) GitHub를 이용하여 웹 대시보드 배포 준비하기

5) Heroku를 이용하여 웹 대시보드 배포하기

이 책을 통해서 다음과 같은 목표를 달성할 수 있습니다.

1) Plotly를 이용한 데이터 시각화

그래프의 기본 사용법을 숙지하고 옵션 사용 및 구조 반복 등 다양한 실습을 통해 customize할 수 있는 능력을 기를 수 있습니다.

2) Dash를 이용한 대시보드 개발

작성한 그래프들을 모아 Dash를 통해 대시보드를 개발할 수 있습니다. 기본 구성부터 interactive한 반응형 구조를 이해하고, 응용할 수 있는 능력을 기를 수 있습니다.

3) 무료 웹 대시보드 배포

개발한 대시보드를 누구나 접근할 수 있게 브라우저로 배포할 수 있습니다. 필요한 기반 사항부터 대시보드 배포까지의 과정을 어려움없이 진행할 수 있습니다.

제2장. Plotly

1. Plotly란?

Plotly는 오픈소스 프로그램으로, 다양한 언어(Language)에 유연하게 적용할 수 있는 데이터 사이언스 플랫폼입니다. Python과 R에서 많이 사용되고 있고, Dash를 통해 웹 대시보드까지 확장할 수 있습니다. 파이썬에서는 'plotly'라는 이름의 라이브러리로 호출하여 사용할 수 있습니다.

Use the web as a data science platform.

We focused on the most commonly used platform to enable sharing of complex data and models. By making it easy for data scientists to create, design, and build web interfaces for complex data and models, end users could interface with data interactively and online in any web browser.

Power discovery with open source.

We are firm believers in the power of the open-source community and the innovation that results from sharing and community development. For data science to keep pace with business needs, we focused on developing a core technology that is open-source and free, enabling greater sharing and faster innovation.

Provide unlimited flexibility.

As global coding literacy has increased, particularly the growth of Python and R, code-based analyses are supplanting that of point-and-click software for everything from data analysis and exploration to complex AI and Machine Learning models. Our solution would build on these flexible coding environments and enable businesses to go farther, faster.

Remove language as a barrier.

Language agnostic coding tools prevent duplicate effort and accelerate innovation. We aim to create software that enables developers, data scientists, and quants everywhere to use the coding tools of their choice.

Enable shared goals across the organization.

Business groups, Data Science, and Tech teams need to align and have a common language and data platform. At Plotly, we develop software that's designed to enable data scientists, analysts and technical teams to work hand-in-hand with business teams, giving everyone in a company direct access to data and models.

· (URL) https://plotly.com/

기존부터 현재까지 시각화를 위해 사용되는 'Matplotlib' 라이브러리와는 달리, Plotly 에서는 interactive visualization이 가능합니다. 홈페이지에 접속하면 그래프 구성별로 범주가 구분되어 있고, 그래프 기본 구성 코드부터 옵션을 이용한 다양한 예제까지 확인할 수 있습니다.

기본적인 그래프들을 모아둔 Basic Charts부터, 데이터 특성에 맞추어 응용이 들어간 Statistical Charts, Scientific Charts, Animations까지 다양한 그래프들을 제공하고 있습니다.

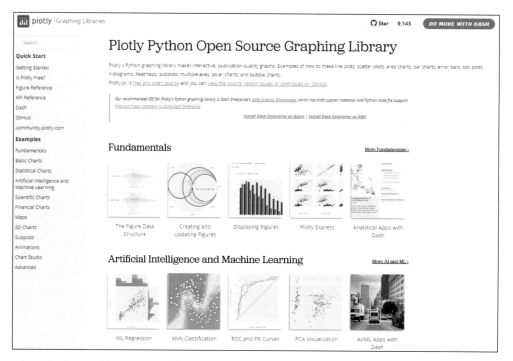

· (URL) https://plotly.com/python/

이 책에서는 기본부터 응용을 통해 데이터 시각화에 어려움없이 첫 발을 내디딜 수 있도록 설명합니다. 자세한 사용 설명보다는 기본 구성을 토대로 어떻게 하면 그래프를 효율적으로 조작할 수 있을지에 대해, 경험적인 구현 방법 위주로 작성하였습니다.

데이터 시각화를 위해 Basic Charts, Statistical Charts 들의 일부 그래프들을 설명하고, 구현된 그래프를 통합하여 제3장(Dash)에서 대시보드로 구현합니다.

1.1. Plotly 입력 방식

Plotly의 그래프 구현 방법은 크게 2가지로 구성되어 있습니다.

1) plotly.express

그래프 구성요소로 데이터를 넣어서 graph object로 반환하는 방식입니다. 여기서 데이터란 tidy pandas data frame 형태를 의미하는데, 쉽게 말해 데이터 프레임으로 가공된 데이터입니다. 보통 라이브러리를 호출할 때 px로 축약해줍니다.

장점으로는 데이터를 가공한 뒤에 구성요소로 지정만 해주면 쉽게 구현이 가능한데, 일종의 그래프 템플릿을 사용한다고 생각하면 됩니다. 단점으로는 그래프의 세부적인 조정이 어려울 수 있습니다.

2) plotly.graph_objects

앞에서 설명한 express와는 달리, graph_objects는 그래프 구성요소를 객체마다 작성하여 입력해주는 방식입니다. 보통 라이브러리를 호출할 때 go로 축약해줍니다.

장점으로는 그래프의 세부적인 조정이 가능하지만, 단점으로는 수작업을 통해 그래프를 작성하는 방식이라 express에 비해 코드의 양이 많고 코드 작성에 시간이 다소 소요될 수 있습니다.

방 식	구 분	내 용
plotly.express	장 점	· 그래프의 구현이 모듈화되어 편리
	단 점	· 그래프의 세부적인 조정이 어려움
plotly.graph_objects	장 점	· 그래프의 세부적인 조정이 수월함
	단 점	· 그래프 구성을 모두 설정하는 과정이 필요

두 입력 방식의 차이 비교를 위해, iris 데이터를 이용하여 Scatter Chart를 구현해봤습니다.

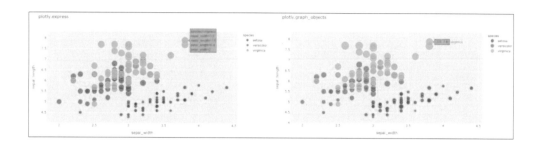

각 그래프에 대한 코드는 다음과 같습니다. 라이브러리를 호출하고, plotly.express와 plotly.graph_objects의 구문에 맞추어 작성합니다. 그래프를 유사하게 구현하기 위해서 plotly.graph_objects의 구문에 일부 조정을 하였습니다.

앞서 설명한 바와 같이 가장 두드러지는 차이점은 코드의 양입니다. 그래프 구성요소를 하나씩 지정해줘야 하는 plotly.graph_objects와는 달리 plotly.express는 데이터를 넣고 나머지 요소를 지정만 해주면 그래프가 구현됩니다.

바꿔 말하면, plotly.express로 그래프 구성을 일부 수정하려고 한다면 내부 로직을 이해하여 적용을 해줘야 하는데, 구조부터 구성요소까지 수정하고 적용하는데 쉽지 않고 시간도 더 오래 걸릴 수 있습니다.

```
1. plotly.express 구문
import plotly.express as px
df = px.data.iris( )
fig = px.scatter(df, x = 'sepal_width', y = 'sepal_length', color = 'species',
                 size = 'petal_length', hover_data = [ 'petal_width' ],
                 title = 'plotly.express')
fig.show( )
```

2. plotly.graph_objects 구문

```python
import plotly.graph_objects as go

fig = go.Figure( )

fig.add_trace( go.Scatter (
    x = df[df[ 'species' ] == 'setosa' ][ 'sepal_width' ],
    y = df[df[ 'species' ] == 'setosa' ][ 'sepal_length' ],
    mode = 'markers',
    name = 'setosa',
    marker = dict(color = '#6973FB',
                  size = df[df[ 'species' ] == 'setosa' ][ 'petal_length' ] * 10)
))

fig.add_trace( go.Scatter (
    x = df[df[ 'species' ] == 'versicolor' ][ 'sepal_width' ],
    y = df[df[ 'species' ] == 'versicolor' ][ 'sepal_length' ],
    mode = 'markers',
    name = 'versicolor',
    marker = dict(color = '#F1644D',
                  size = df[df[ 'species' ] == 'versicolor' ][ 'petal_length' ] * 5)
))

fig.add_trace( go.Scatter (
    x = df[df[ 'species' ] == 'virginica' ][ 'sepal_width' ],
    y = df[df[ 'species' ] == 'virginica' ][ 'sepal_length' ],
    mode = 'markers',
    name = 'virginica',
    marker = dict(color = '#29C99F',
                  size = df[df[ 'species' ] == 'virginica' ][ 'petal_length' ] * 4.6)
))

fig.update_layout(xaxis = dict(title = 'sepal_width'),
                  yaxis = dict(title = 'sepal_length'),
                  legend_title_text = 'species',
                  title = 'plotly.graph_objects')

fig.show( )
```

반면, plotly.graph_objects의 방식을 통해 처음부터 객체 형식으로 작성한다면, 상대적으로 그래프 수정이 수월합니다. 제3장에서 대시보드를 개발하는 과정도 객체 형식으로 작성하는 것이 관리와 수정 용도에 있어서 더욱 용이합니다.

이 책의 모든 **실습은 plotly.graph_objects로 설명**하고, 실습 코드는 GitHub에서 다운로드할 수 있습니다.

1.2. Plotly - Data 객체 입력 방식

그래프를 위한 구문의 기본 구조는 **fig = go.Figure( )** 입니다. 이 go.Figure( )에 그래프를 구현하기 위한 객체들을 생성하여 넣어주는데, Figure는 2가지 속성으로 구분되어 있습니다.

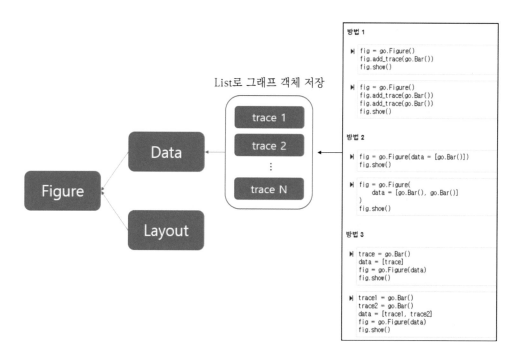

· Data: 그래프를 정의하기 위한 데이터 객체를 리스트 (List)로 입력받아 저장
· Layout: 그래프 디자인 측면의 설정을 저장 (제목, 그래프 높이, 여백 등)

앞의 그림 우측처럼 데이터 입력 방식은 다양합니다. 객체로 저장하여 입력만 해주면 되기 때문에 방식 자체는 크게 다르지 않지만, 참조하는 방식에서 차이가 있습니다.

방법1.
add_trace( ) 함수를 사용하는 방법입니다. 맨 처음 fig를 정의하고 그 후에 데이터를 추가한다는 의미입니다. 그래프를 중첩하여 그리고 싶다면 add_trace( )를 연속으로 사용하되, 각자 정의하고 싶은 그래프를 입력해주면 됩니다. 디자인에 관한 업데이트는 update_layout( )을 사용하면 됩니다.

방법2.
Figure( )에 직접적으로 data 객체를 정의하여 넣어주는 방법입니다. 그림처럼 go.Figure(data = [ ]) 형식을 사용하면 됩니다. 주의할 점은 반드시 리스트 형식인 대괄호 [ ]로 묶어줘야 합니다. 그래프 중첩의 경우에는 data = [trace1, trace2]와 같이 리스트 형식으로 묶어주면 됩니다.

방법3.
위의 방법2와 유사하지만 data 객체를 사전에 정의한 뒤, 마지막에 Figure( )에 넣어주는 방법입니다. 그림처럼 trace라는 객체에 그래프 구현을 위한 데이터를 정의하고 data 객체에 리스트로 저장해준 뒤, 마지막에 go.Figure( )에 입력해주면 됩니다.

모든 **실습은 방법3으로 진행**됩니다. 대시보드 구현 과정에서 interactive visualization을 위해 다른 값을 참조하며 복잡하게 구성이 되는데, 방법3의 형식처럼 각 그래프 데이터를 정의한 뒤에 최종적으로 Figure에 입력해주는 방법이 헷갈리지 않고 관리하기 좋습니다.

앞으로 실습할 설정을 정리하면 다음과 같습니다.
  1) plotly.graph_objects
  2) 데이터 입력 방식: 사전에 data 객체를 정의한 후 리스트 (List)로 묶어주어 입력

다음의 코드는 Plotly를 이용하여 그래프를 구성하는데 필요한 가장 기본적이면서도 필수적인 구문입니다.

Plotly 시각화 기본 구문

```
import plotly.graph_objects as go
trace = go.Chart ( )
data = [ trace ]
layout = go.Layout( )
fig = go.Figure(data, layout)
fig.show( )
```

· go.Chart ( ) : go.Bar( ), go.Scatter( ) 등과 같이 Chart 종류를 입력

2. Plotly Basic Chart

Basic Chart에는 총 14개의 그래프로 구성되어 있습니다. 이 그래프들 중에서 Bar Chart, Satter Chart, Line Chart, Pie Chart, Sankey Diagram를 사용하여 매출 데이터를 시각화합니다.

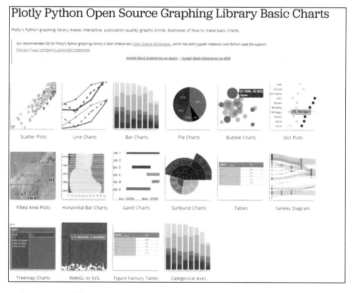

· (URL) https://plotly.com/python/basic-charts/

2.1. Bar Chart

Bar Chart는 보통 막대 그래프라고 불리며, 값에 비례하여 높이와 길이를 지닌 막대로 범주형 데이터를 표현합니다. Bar Chart의 구현 코드는 다음과 같습니다.

Bar Chart 기본 구문

```
trace = go.Bar(x = 범주형 값, y = 수치형 값)

data = [ trace ]

layout = go.Layout(디자인 옵션)

fig = go.Figure(data, layout)

fig.show( )
```

· (URL) https://plotly.com/python/bar-charts/

데이터 시각화를 위한 데이터 가공은 필수적이고, 이를 위해 Pandas, Numpy 라이브러리를 활용하였습니다. 해당 내용까지 자세히 다루면 좋겠지만 시각화에 집중하기 위해 설명은 생략하고, 대신 GitHub에서 다운받을 수 있는 코드에 주석으로 설명을 작성해두었으니 참고하여 사용하면 됩니다.

실습에 앞서 데이터 구조에 맞추어 시각화에 사용할 자료를 정리해줍니다. 다음의 그림처럼 라이브러리를 호출해 준 뒤, 데이터 호출 및 새로운 변수를 생성하고 정렬을 해줍니다. 원활한 데이터 실습을 위해 데이터 결합이 완료된 'Data' 파일을 사용합니다.

```python
import pandas as pd
import numpy as np

# 상위 폴더로 이동 후 data 폴더로 이동
path = '../data/'

# 데이터 호출
df = pd.read_csv(path + 'Sales data/Data.csv')

# 연도, 월 변수 생성
df['year'] = df['OrderDate'].str.slice(start = 0, stop = 4)
df['month'] = df['OrderDate'].str.slice(start = 5, stop = 7)
# 데이터 정렬
df = df.sort_values(by = ['Region','Channel','Category','Item Type','year','month','Gender'])
```

※ Tip.

(코드) data['변수'].str.slice(start = 시작 위치, stop = 종료 위치)

변수에서의 일부 값을 추출할 수 있습니다. OrderDate 변수의 0~4까지 위치값은 연도이고, 5~7까지 위치값은 월에 해당합니다. 참고로 파이썬은 위치가 0부터 시작합니다.

※ Tip.

(코드) df.sort_values(by = ['변수1', '변수2'])

데이터에서 기준 변수로 정렬을 시켜줍니다. '변수1'에 대해 정렬한 뒤, '변수2'에 대해 정렬해줍니다.

※ Tip.

(코드) df.info( )

데이터의 전체적인 구조를 파악할 수 있습니다. 데이터 행과 열의 개수와 각 변수의 이름 및 유형까지 파악할 수 있습니다.

```
df.info()

<class 'pandas.core.frame.DataFrame'>
Int64Index: 27657 entries, 3864 to 18422
Data columns (total 21 columns):
 #   Column     Non-Null Count   Dtype
---  ------     --------------   -----
 0   OrderID    27657 non-null   int64
 1   OrderDate  27657 non-null   object
 2   Gender     27657 non-null   object
 3   AgeGroup   27657 non-null   object
 4   Channel    27657 non-null   object
 5   ShipDate   19163 non-null   object
 6   ItemCode   27657 non-null   object
 7   MapCode    27657 non-null   int64
 8   Quantity   27657 non-null   int64
 9   Revenue    27657 non-null   float64
 10  Cost       27657 non-null   float64
 11  Category   27657 non-null   object
 12  Item Type  27657 non-null   object
 13  Region     27657 non-null   object
 14  Country    27657 non-null   object
 15  Code2      27657 non-null   object
 16  Code3      27657 non-null   object
 17  Latitude   27657 non-null   float64
 18  Longitude  27657 non-null   float64
 19  year       27657 non-null   object
 20  month      27657 non-null   object
dtypes: float64(4), int64(3), object(14)
memory usage: 4.6+ MB
```

이번 장에서는 **특정 연도의 값을 선택한 뒤, 매출(Revenue) 상위 10개 국가에 대한 차이를 비교**합니다. 또한, 이익(Margin)에 대한 변수를 생성해주고 매출 대비 이익에 대해 비교합니다.

```
# 2020년도 이익 변수 생성
d20 = df[df['year'] == '2020'].copy()
d20['Margin'] = d20['Revenue'] - d20['Cost']
```

```
# Country 별 매출 및 이익 합계 산출
df_g = d20.loc[:,['Country','Revenue','Margin']].groupby(by = ['Country'], as_index = False).sum()
df_g = df_g.sort_values(by = ['Revenue'], ascending=False)
```

```
# 매출 순위 변수 (rank) 생성 후, 매출 상위 10개 Country 추출
df_g['rank'] = list(range(1, len(df_g['Country'])+1))
df_g1 = df_g[df_g['rank'] <= 10].reset_index(drop = True)
df_g1
```

	Country	Revenue	Margin	rank
0	China	35419012.93	11433231.09	1
1	United States of America	30921686.00	10058265.87	2
2	Australia	17937580.10	5998658.34	3
3	Canada	12659751.70	3981548.49	4
4	Japan	11144287.40	3429964.29	5
5	Russia	10409143.00	3230082.90	6
6	Sweden	9347376.63	3072071.39	7
7	South Korea	9333921.70	3062749.61	8
8	Spain	9294640.60	3052992.63	9
9	Iceland	8828988.90	3032787.99	10

· 이익(Margin) = 매출(Revenue) − 비용(Cost)

※ Tip.

(코드) df.groupby(by = ['변수'], as_index = False).sum( )

데이터에서 특정 변수를 그룹화하여 합계를 계산해줍니다. **코드 끝 부분**에 따라 구할 수 있는 통계량은 다양합니다.

구 분	합 계	평 균	분 산	표준편차	최대값	최소값
명령어	.sum( )	.mean( )	.var( )	.std( )	.max( )	.min( )

최종적으로 'df_g1'이라는 이름의 데이터를 생성하였고, 이 데이터를 이용하여 Bar Chart를 구현하기 위한 코드는 다음과 같습니다.

```
국가별 매출액 - Bar Chart 구현
trace = go.Bar(
    x = df_g1[ 'Country' ],                        # x축 - 국가별
    y = df_g1[ 'Revenue' ],                        # y축 - 매출액
    text = round(df_g1[ 'Revenue' ], 2))           # text 내용 - 소수점 2자리 반올림
data = [ trace ]                                   # data 객체에 리스트로 저장
layout = go.Layout(title = 'Chapter 2.1 - Bar Chart')   # 제목 지정
fig = go.Figure(data, layout)
fig.show( )
```

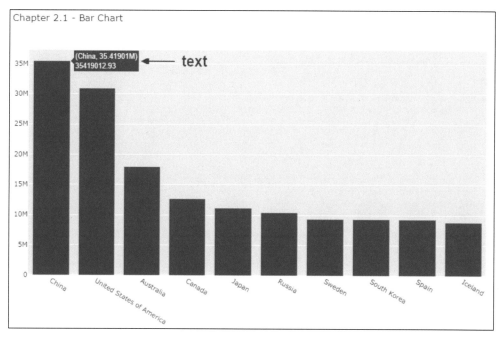

기본 구문에 맞추어 x값에는 범주형 값인 Country, y값에는 숫자형 값인 Revenue를 지정해줍니다. 막대의 label로 표시되는 수치는, text의 기능으로 다음과 같습니다.

※ Tip.

(코드)   text = round(df_g1['Revenue'], 2)

이 text는 hover 기능의 옵션입니다. hover는 허공을 떠다니는 영어의 의미처럼 마우스 커서를 그래프에 올리면 입력된 text (추가 정보)값을 띄워주어 활성화하는 기능으로, 팝업 정보창으로 생각하면 됩니다. 입력한 대로 Revenue의 값을 소수점 2자리에서 반올림하여 출력하라는 의미입니다.

다음으로 매출 대비 이익에 대한 비교를 위해 Bar Chart를 중첩하고, 방향을 가로로 하여 표현해보겠습니다. 앞에서 설명한 것처럼 그래프 객체를 별도로 생성한 뒤, 리스트 형식으로 묶어주어 'data'에 입력해주면 됩니다.

국가별 매출액 대비 이익액 - 중첩 Bar Chart 구현

```
trace1 = go.Bar(
    y = df_g1[ 'Country' ],   # y축
    x = df_g1[ 'Revenue' ],   # x축
    name = 'Revenues',
    orientation = 'h')
trace2 = go.Bar(
    y = df_g1[ 'Country' ],   # y축
    x = df_g1[ 'Margin' ],    # x축
    name = 'Margins',
    orientation = 'h')
data = [ trace1, trace2 ]
layout = go.Layout(title = 'Chapter 2.1 - Bar Chart',
                   barmode = 'group',
                   yaxis = dict(autorange = 'reversed')
                   )
fig = go.Figure(data, layout)
fig.show( )
```

· 가로 방향 : go.Bar( )의 옵션 orientation = 'h'

· 그룹화 : go.Layout( )의 옵션 barmode = 'group'

· y축 정렬 : go.Layout( )의 옵션 yaxis = dict(autorange = 'reversed')

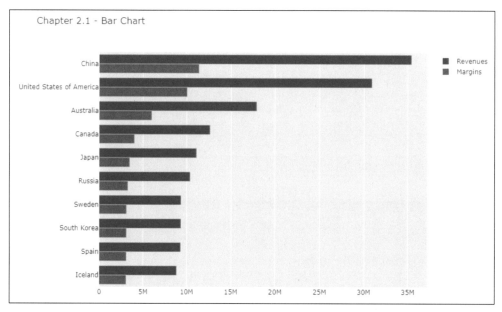

※ Tip.

옵션 중에서 딕셔너리(dictionary) 형식으로 입력해줘야 하는 경우, 입력 방법은 2가지
입니다.

   1) dict(autorange = 'reversed')

   2) { 'autorange' : 'reversed' }

※ Tip.

코드에서 콤마(,)는 1개의 경우 생략 처리가 됩니다. 아래 코드처럼 마지막 부분에 콤마
(,)가 한 번 더 입력이 되어 있는 경우에도 정상적으로 작동합니다.

```
trace = go.Bar (x = df_g1[ 'Country' ],
                y = df_g1[ 'Revenue' ], )
data = [ trace ]
```

2.2. Scatter & Line Chart

Scatter Chart는 보통 산점도라 부르며, 두 개 연속형 변수 간의 관계를 표현합니다. Scatter Chart와 Line Chart는 동일한 구문에서 옵션값의 차이로 각각 또는 동시에 시각화할 수 있습니다. 구현 코드는 다음과 같습니다.

Scatter Chart 기본 구문

```
trace = go.Scatter(x = 수치형 값,
                    y = 수치형 값,
                     mode = 'markers',
                    marker = dict(size = 크기 값)
                        )
data = [ trace ]
layout = go.Layout(디자인 옵션)
fig = go.Figure(data, layout)
fig.show( )
```

· (URL) https://plotly.com/python/line-and-scatter/

Chart 구 분	옵 션	내 용
Line	mode = 'lines'	선
Scatter	mode = 'markers'	점
Scatter & Line	mode = 'markers + lines'	점 + 선

이번 장에서는 **연도별 전체 매출(Revenue) 추세를 월별로 비교**합니다. 반복문을 통해 연도별 그래프 객체를 생성해 준 뒤 중첩시켜 시각화를 해줍니다. 이 과정에서 반복문이 필요합니다.

반복문에 대해 실습 내용과 맞추어 가볍게 설명하고 넘어가겠습니다. 반복문에 대한 기본 구문은 다음과 같습니다. 참조 리스트에 대한 값을 순서대로 인식하여 실행코드를 반복하고, 생성해 둔 리스트 객체에 저장을 시켜줍니다.

반복문 구조

```
traces = [ ]      # 빈 리스트 생성

for 참조값 in 참조리스트 :

    traces.append( df[df[ '참조변수' == 참조값 ] ] )      ← 반복 실행코드
```

간단한 예제로 df라는 데이터가 연도별 매출 데이터인 경우, 2020년도와 2021년도로 데이터를 구분하는 코드는 다음과 같습니다.

참조 리스트인 years의 값을 순서대로 참조하여 처음 '2020'에 대한 코드가 실행되고, 다시 처음으로 돌아가서 그 다음 값인 '2021'에 대한 코드가 실행됩니다. 각 연도로 구분된 데이터는 traces에 리스트 형식으로 순서대로 저장됩니다.

반복문 예시

```
years = [ '2020', '2021' ]      # 참조 리스트 생성

traces = [ ]                    # 빈 리스트 생성

for yr in years :

    traces.append( df[df[ 'year' == yr ] ] )      # 반복 실행코드 수행
```

이러한 과정을 통해 실습에서는 그래프 객체인 go.Scatter( )를 순서대로 저장시켜준 뒤, 그래프를 중첩시켜 동시에 출력해줍니다. 앞장에서 매출과 이익에 대한 go.Bar( )를 각각 생성한 뒤에 시각화를 해주는 방식과 동일하지만, 코드의 양을 줄일 수 있습니다.

연도 및 월별 매출 합계를 위해 데이터 가공을 해줍니다. 참조할 리스트 변수인 'year'를 생성해준 뒤, 그래프 상에서 순서대로 표현해주기 위해 정렬해줍니다.

```
# 연도별 월 매출 현황 비교 - 연/월별 매출 합계 산출
df_g = df.loc[:,['Revenue','year','month']].groupby(by = ['year','month'], as_index = False).sum()

# 연도 오름차순 정렬
year = list(df_g['year'].unique())
year.sort()
year

['2017', '2018', '2019', '2020']

df_g.head()
```

	year	month	Revenue
0	2017	01	14710353.64
1	2017	02	14334223.30
2	2017	03	15247314.80
3	2017	04	13827194.10
4	2017	05	15047864.90

다음으로 설명한 것처럼 빈 리스트를 생성한 뒤, 반복문을 통해 참조 리스트인 year를 반복문의 인자로 넣어줍니다. 특정 연도에 해당하는 데이터셋을 생성하고 해당 데이터셋의 값을 이용하여 그래프 객체를 생성해줍니다.

연도별 월 매출액 비교 – 중첩 Scatter & Line Chart 구현

```
traces = [ ]
for years in year:
    tmp = df_g[df_g[ 'year' ] == years ]
    traces.append(go.Scatter(x = tmp[ 'month' ],
                             y = tmp[ 'Revenue' ],
                             mode = 'lines+markers',
                             marker = dict(size=10),
                             name = years
                     ))
data = traces
```

```
layout = go.Layout(title = 'Chapter 2.2 - Scatter & Line Charts',
                    xaxis = dict(title = 'Month'),
                    yaxis = dict(title = 'Revenue'))
fig = go.Figure(data, layout)
fig.show( )
```

코드를 실행시켜 주면 다음과 같은 중첩 그래프가 출력됩니다. 2017년도부터 2020년도
까지 순서대로 범주가 생성되고, 월별 매출 합계에 대한 트렌드를 확인할 수 있습니다.

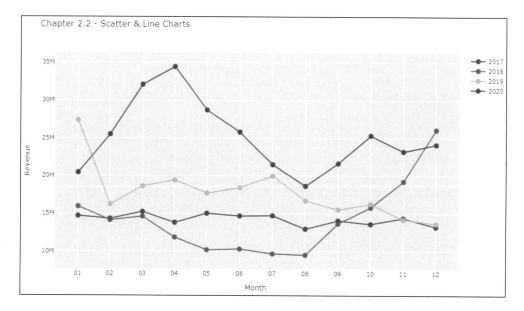

매출 추이를 분석해보면, 2017년도에는 전반적으로 매출이 비슷한 추세를 보입니다.
2018년도에는 하반기에 매출이 급격하게 증가하는 것을 확인할 수 있습니다. 2020년도
의 매출은 다른 연도에 비해 전체적으로 높고, 연초부터 4월까지 급격하게 증가하다가
다시 감소하는 것을 확인할 수 있습니다.

2.3. Pie Chart

Pie Chart는 보통 원 그래프라 부르며, 범주형으로 구성된 한 변수의 전체값을 기준으로 각 범주가 차지하는 비율에 따라 부채꼴 모양으로 나타낸 그래프입니다. 각 부채꼴의 중심각이 전체에서 차지하는 비율을 의미하며, 비율을 한 눈에 파악할 수 있습니다. 구현 코드는 다음과 같습니다.

Pie Chart 기본 구문

```
trace = go.Pie(labels = 범주형 값,

               values = 빈도 값

               )
data = [ trace ]
layout = go.Layout(디자인 옵션)
fig = go.Figure(data, layout)
fig.show( )
```

· (URL) https://plotly.com/python/pie-charts/

연령대별 매출 합계를 위해 데이터 가공을 해줍니다.

```
# 2020년도 연령별 매출액 비교
df_g = df[df['year'] == '2020'].copy()

# 연령별 매출 합계 산출
df_g1 = df_g.loc[:,['AgeGroup','Revenue']].groupby(by = ['AgeGroup'], as_index = False).sum()
df_g1
```

	AgeGroup	Revenue
0	20s	74300516.43
1	30s	91370774.95
2	40s	59707855.34
3	50s	49720921.40
4	60s	26406450.00

그래프 인자에서 'labels'와 'values'는 모두 리스트 형식으로 들어가야 합니다. 앞에서 가공한 데이터를 직접 참조하는 방식으로 사용하면 됩니다.

연령대별 매출액 비교 – Pie Chart 구현

```python
trace = go.Pie(
    labels = df_g1[ 'AgeGroup' ],
    values = df_g1[ 'Revenue' ]
)
data = [ trace ]
layout = go.Layout(title = 'Chapter 2.3 - Pie Chart')
fig = go.Figure(data, layout)
fig.show( )
```

코드를 실행하면 다음과 같이 각 연령대별 매출 비율을 파악할 수 있습니다. 그래프 범주를 확인해보면 자동으로 비율이 높은 순서대로 정렬되는 것을 확인할 수 있습니다.

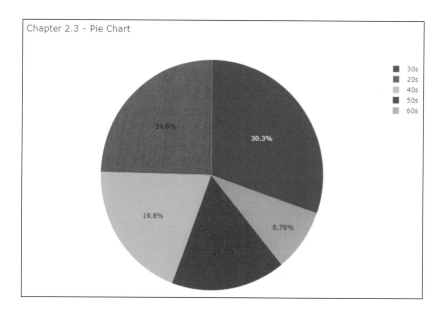

30 대에서의 매출이 가장 많았으며, 두 번째로 20 대가 많았습니다. 40 대와 50 대의 매출은 유사했고, 60 대에서의 매출이 가장 낮았습니다.

옵션을 사용하여 다르게 표현을 해보겠습니다. 일부 조각을 분리할 수도 있고, 도넛 모양으로 중심 부분을 비울 수도 있습니다.

조각을 분리하는 것을 구현해보면, 'pull' 옵션을 사용하면 됩니다. 아래 코드처럼 리스트 형식으로 얼마만큼 분리시킬 것인지 0~1 사이의 수치를 입력해주고, 값의 순서는 'labels'의 범주 순서와 동일합니다. (코드 의미: 40대 조각을 0.2만큼 분리)

연령대별 매출액 비교 – Pie Chart 구현 (조각 분리)

```
trace = go.Pie(
    labels = df_g1[ 'AgeGroup' ],
    values = df_g1[ 'Revenue' ],
    pull = [0, 0, 0.2, 0, 0]          # label 순서와 동일 (0~1 범위)
)
data = [ trace ]
layout = go.Layout(title = 'Chapter 2.3 - Pie Chart Split')
fig = go.Figure(data, layout)
fig.show( )
```

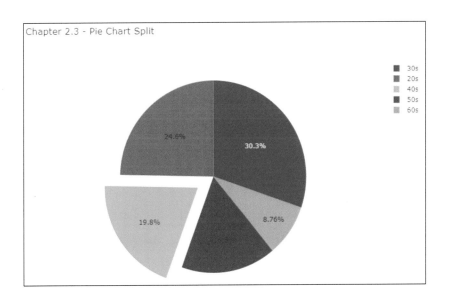

제2장. Plotly   49

마지막으로 도넛 모양을 구현해보면, 'hole' 옵션을 사용하면 됩니다. 아래 코드처럼 얼마만큼 구멍을 낼 것인지 0~1 사이의 수치를 입력해주면 됩니다.

연령대별 매출액 비교 – Pie Chart 구현 (도넛 모양)

```
trace = go.Pie(labels = df_g1[ 'AgeGroup' ],

                values = df_g1[ 'Revenue' ],

                textinfo = 'label+percent',          # text 값 형식

                insidetextorientation = 'tangential',   # testinfo 타입

                hole = 0.4)                          # 원 중심부 구멍 크기

data = [ trace ]

layout = go.Layout(title = 'Chapter 2.3 - Pie Chart Hole')

fig = go.Figure(data, layout)

fig.show( )
```

· Text 형식으로 값과 비율 삽입 : textinfo = 'label+percent'
· Text 배치 형식 : insidetextorientation = 'tangential' (auto, horizontal, radial)

왼쪽처럼 가운데 구멍이 생기면서 도넛 모양으로 시각화되는 것을 확인할 수 있습니다. 그래프에서 20대를 제외하고 확인하고 싶은 경우, **범주에서 '20s'를 클릭해주면 해당 범주를 제외하고 시각화**됩니다.

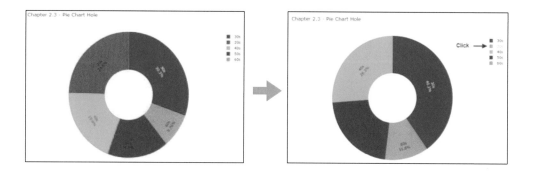

2.4. Sankey Diagram

Sankey Diagram는 흐름(Flow) 다이어그램의 한 종류로서, 흐름의 너비로 양을 비율적으로 보여주는 그래프입니다. 주로 프로세스 내에서 각 항목별 움직임을 파악하는데 이용됩니다. 구현 코드는 다음과 같습니다.

Sankey Diagram 기본 구문

```
trace = go.Sankey(node = dict(label = labels),      # 각 항목의 이름

                  link = dict(source = sources,      # 출발지점 위치

                              target = targets,      # 목표지점 위치

                              value = valaus) )      # 흐름의 양

data = [ trace ]

layout = go.Layout(디자인 옵션)

fig = go.Figure(data, layout)

fig.show( )
```

· (URL) https://plotly.com/python/sankey-diagram/

이번 장에서는 **특정 연도의 값을 선택한 뒤, 대륙(Region) & 채널(Channel) & 상품 (Category)의 매출(Revenue) 흐름 양상을 비교**합니다. 각 항목들의 흐름의 양을 위해 다음과 같이 'Region → Channel', 'Channel → Category'의 매출 합계를 가공해줍니다.

```
# 2020년도 대륙 & 채널 & 상품별 매출 Flow 오름차순 정렬
df_g = df[df['year'] == '2020'].iloc[:,[13,4,11,9]].copy()
df_g = df_g.sort_values(by = ['Region','Channel','Category'])
df_g.head(2)
```

	Region	Channel	Category	Revenue
2009	Africa	Offline	Beauty & Health	30171.10
10034	Africa	Offline	Beauty & Health	38133.80

| 좌 측 | 'Region → Channel'별 매출 |

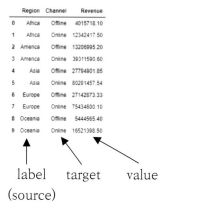

```
value1 = df_g.groupby(by = ['Region','Channel'], as_index = False).sum()
value1
```

	Region	Channel	Revenue
0	Africa	Offline	4015718.10
1	Africa	Online	12342417.50
2	America	Offline	13206995.20
3	America	Online	39311590.60
4	Asia	Offline	27794901.85
5	Asia	Online	80291457.54
6	Europe	Offline	27142873.33
7	Europe	Online	75434600.10
8	Oceania	Offline	5444565.40
9	Oceania	Online	16521398.50

label (source) target value

| 우 측 | 'Channel → Category'별 매출 |

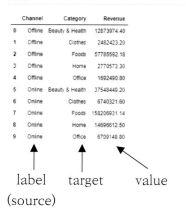

```
value2 = df_g.groupby(by = ['Channel','Category'], as_index = False).sum()
value2
```

	Channel	Category	Revenue
0	Offline	Beauty & Health	12873974.40
1	Offline	Clothes	2482423.20
2	Offline	Foods	57785592.18
3	Offline	Home	2770573.30
4	Offline	Office	1692490.80
5	Online	Beauty & Health	37548449.20
6	Online	Clothes	6740321.60
7	Online	Foods	158206931.14
8	Online	Home	14696612.50
9	Online	Office	6709149.80

label (source) target value

Sankey Diagram에서 필수 요소는 4가지로 다음과 같습니다. 이동시키고 싶은 이름 (label)을 정하고, 해당 이름의 위치값을 시작 위치(source)로 하여 어디로 이동시킬지 (target), 그리고 이동량(value)을 정해주면 됩니다.

· label : 노드 이름 (이름은 고유값을 저장하고, 이름 순서가 노드의 위치로 인식)

· source : 노드 시작 위치값 (0부터 시작)

· target : 노드 이동 위치값

· value : 이동량 (흐름의 크기)

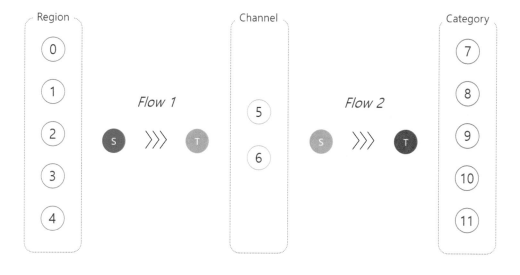

구성요소들을 앞의 그림처럼 정리할 수 있는데, 각 범주마다의 위치값을 부여해주고 Flow마다 source와 target을 지정하여 줍니다.

· Flow 1 → Region(source)에서 Channel(target)로의 이동

· Flow 2 → Channel(source)에서 Category(target)로의 이동

예를 들어보면, 위의 결과에서 'Africa'만 고려한 Channel로의 흐름은 다음과 같습니다.

Region	Channel	Revenue
Africa	Offline	4015718.10
Africa	Online	12342417.50

label (source)	source	label (target)	target	value
Africa	0	Offline	1	4015718.1
Africa	0	Online	2	12342417.5

위의 예시를 구현한 코드는 다음과 같습니다. 여기서 **한 가지 특이사항**으로, Sankey Diagram의 기본 설정은 **source, target의 위치를 부여해줘도 이동값 크기순으로 정렬되어 그래프가 구현**됩니다. 만약 원하는 노드의 위치를 고정하기 위해서는 옵션을 사용하여 지정해줘야 합니다.

예. Africa에 대한 채널 매출 비교 – Sankey Diagram 구현

```
trace = go.Sankey(node = dict(label = [ 'Africa', 'Offline', 'Online' ]),
            link = dict(source = [ 0, 0 ],              # 노드 시작 위치
                       target = [ 1, 2 ],              # 노드 이동 위치
                       value = [ 4015718.1, 12342417.5 ]) )   # 이동량
data = [ trace ]
```

```
layout = go.Layout(title = 'Chapter 2.4 - Sankey Diagram', font_size = 15)
fig = go.Figure(data, layout)
fig.show( )
```

구현된 그래프를 보면, 코드에서 지정한 순서가 아닌 이동량의 크기순으로 정렬되어 시각화됩니다.

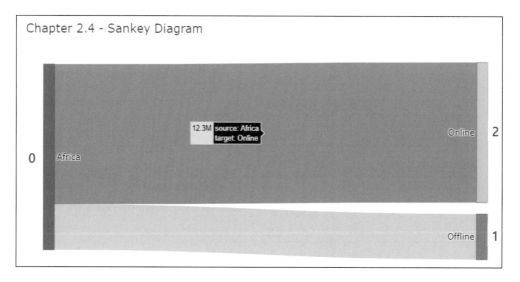

Offline의 값이 위로, Online의 값이 아래로 위치를 바꿔주고 싶은 경우, 다음의 코드처럼 node( ) 안의 옵션을 사용하여 노드의 위치를 지정해주어야 합니다.

※ 노드 위치 설정 방법 – node( )에 옵션 추가
```
trace = go.Sankey(node = dict(label = [ 'Africa', 'Offline', 'Online' ],
                              x = [ 0, 1, 1 ],          # x 노드 위치
                              y = [ 0, 0.1, 0.7 ] )     # y 노드 위치
```

구현된 그래프를 보면, 지정한 노드의 위치대로 Offline이 위로, Online이 아래로 변경되어 시각화됩니다.

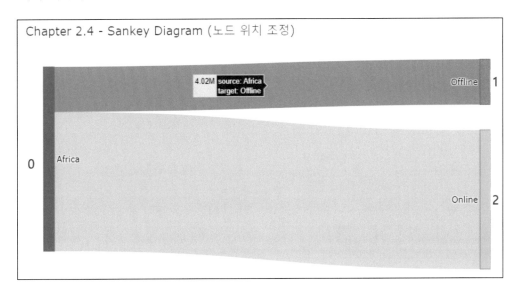

입력한 노드 위치대로 그래프가 구현되는 방식에 대해서, 현재까지(이 책을 작성하고 있는 시간 기준) 업데이트된 바가 없습니다. 커뮤니티에서도 노드 위치 지정한 순서가 아닌, 이동량의 크기순으로 자동 정렬되는 문제에 대해 토론이 있었습니다.

하지만 일일이 node( )안의 x, y에 대해 노드 위치를 지정하는 방식을 사용하지 않으면, 자동 정렬된 결과를 사용하는 수밖에 없는 것으로 결론이 났습니다.

위의 예제처럼 이동 범주가 많지 않다면 노드 위치 조정이 수월하겠지만, 아래에서 실습할 예제처럼 Flow도 많고 범주도 많은 경우에는 자동 정렬된 결과로 사용하는 것이 효율적입니다.

예제처럼 label, source, target, value를 미리 생성을 해주고, 구성요소로 참조시키면 그래프 구현이 편리합니다. 앞에서 표로 정리한 값을 이용해서 label, source, target에 대한 값을 구분하면 다음과 같습니다.

경험상 정리하기 쉬운 방법은 **항목별로 구분**하는 것입니다. 먼저 'Region → Channel'를 정리 후, 'Channel → Category'를 정리하여 취합하는 방식입니다.

Flow 1: Region → Channel

label (S)	source	label (T)	target
Africa	0	Offline	5
Africa	0	Online	6
America	1	Offline	5
America	1	Online	6
Asia	2	Offline	5
Asia	2	Online	6
Europe	3	Offline	5
Europe	3	Online	6
Oceania	4	Offline	5
Oceania	4	Online	6

Flow 2: Channel → Category

label (S)	source	label (T)	target
Offline	5	Beauty	7
Offline	5	Clothes	8
Offline	5	Foods	9
Offline	5	Home	10
Offline	5	Office	11
Online	6	Beauty	7
Online	6	Clothes	8
Online	6	Foods	9
Online	6	Home	10
Online	6	Office	11

앞의 표의 값들을 그래프 구성요소로 정리하면 다음과 같이 생성할 수 있습니다.

대륙, 채널, 상품별 매출 비교 – Sankey Diagram 구현

```python
labels = [ 'Africa', 'America', 'Asia', 'Europe', 'Oceania' ] + [ 'Offline', 'Online' ] +
         [ 'Beauty & Health', 'Clothes', 'Foods', 'Home', 'Office' ]
sources = [ 0, 0, 1, 1, 2, 2, 3, 3, 4, 4 ] + [ 5, 5, 5, 5, 5, 6, 6, 6, 6, 6 ]
targets = [ 5, 6, 5, 6, 5, 6, 5, 6, 5, 6 ] + [ 7, 8, 9, 10, 11, 7, 8, 9, 10, 11 ]
values = list(value1[ 'Revenue' ]) + list(value2[ 'Revenue' ])
trace = go.Sankey(node = dict(label = labels),
                   link = dict(source = sources,      # 노드 시작 위치
                               target = targets,       # 노드 이동 위치
                               value = values ) )      # 이동량
data = [ trace ]
layout = go.Layout(title = 'Chapter 2.4 - Sankey Diagram', font_size = 15)
fig = go.Figure(data, layout)
fig.show( )
```

앞에서 설명한 것처럼 그래프 구현 시에는 이동값 크기순으로 정렬되어 시각화됩니다.

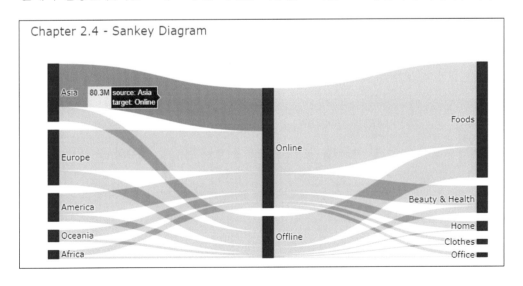

대륙별로는 Asia, Europe, America 순으로 매출이 높았고, Offline에 비해 상대적으로 Online에서의 매출이 높았습니다. Online 내에서는 Foods, Beauty & Health, Home 순으로 매출이 높았습니다.

Sankey Diagram의 특성으로는 아래처럼 각 항목을 드래그하여 이동시킬 수 있습니다.

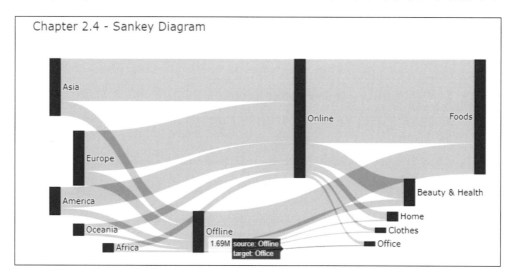

앞에서 구현한 방식처럼 label, source, target을 일일이 입력하는 방식이 기본 방식이 지만, 만약 범주의 개수도 많고 이동할 구간도 많다면 하나씩 입력하는 방식은 매우 비 효율적입니다. 이런 문제를 피하기 위해 **자동화하는 방식**을 다뤄보겠습니다.

지금까지의 실습에서 유사한 방식을 많이 사용했는데, values에 대한 값을 보면 각 값 들을 리스트로 묶어서 입력해줬습니다. 이 방식을 응용하여 **각 범주의 개수와 시작 및 이동 위치를 지정**해주면 간단하게 해결할 수 있습니다.

쉽게 구성할 수 있는 value와 label에 대해서 확인해보겠습니다. 먼저 아래 코드에서 label을 보면, '대륙', '채널', '상품'의 단일값으로 구성된 것을 볼 수 있습니다. 이처럼 **각 변수들에 대해서 단일값을 추출하여 리스트로 묶어주어 저장**하면 됩니다. value에 대한 값은 기존에 사용한 방식과 동일합니다. 코드 아래에 사진을 보면, 처음 입력했던 것과 동일한 값이 출력되는 것을 확인할 수 있습니다.

Sankey Diagram 구성요소 자동화 – label, value

```
# 기본: 하나씩 입력 (총 12개)

labels = [ 'Africa', 'America', 'Asia', 'Europe', 'Oceania' ] + [ 'Offline', 'Online' ] +
         [ 'Beauty & Health', 'Clothes', 'Foods', 'Home', 'Office' ]

# 응용: 단일값 참조하여 한번에 입력 (값의 위치 확인 필수)

l_c1 = list(df_g[ 'Region' ].unique())        # 5개  (순서 = 0 1 2 3 4)

l_c2 = list(df_g[ 'Channel'] .unique())        # 2개  (순서 = 5 6)

l_c3 = list(df_g[ 'Category' ].unique())       # 5개  (순서 = 7 8 9 10 11)

labels = l_c1 + l_c2 + l_c3                     # 12개 (순서 = 0 ~ 11)


# 동일한 방식

values = list(value1[ 'Revenue' ]) + list(value2[ 'Revenue' ])
```

```
print(labels)
['Africa', 'America', 'Asia', 'Europe', 'Oceania', 'Offline', 'Online', 'Beauty & Health', 'Clothes', 'Foods', 'Home', 'Office']
```

다음으로 source에 대한 구성을 확인해보겠습니다. 앞에서 구현했던 그래프의 **Flow는 대륙 → 채널(Flow1), 채널 → 상품(Flow2)으로 총 2개로 구성**되어 있습니다. 각 Flow에 대해 시작 위치인 source 값들을 저장시키고 마지막에 합쳐주면 됩니다. 여기서 기본 함수인 **range( ), len( )**과 Numpy에 있는 **repeat( )**을 조합하여 사용해주는데, 지정한 범위 값들을 일정하게 반복시켜주는 함수입니다.

※ Tip.

(코드) range(시작 값, 끝 값)

range 함수는 시작 값부터 끝 값까지의 범위에 해당하는 숫자를 연속으로 생성해줍니다. 주의할 점은 파이썬은 0부터 시작하기 때문에, 범위에 끝 값은 포함되지 않고 그 이전 값까지만 생성이 됩니다. 단순히 함수만 실행시키면 범위를 가지지만 입력한 코드가 그대로 출력이 되고, 결과를 바로 확인하기 위해선 리스트로 묶어줘야 합니다.

(예시) range(0, 5) → range(0, 5)

(예시) list(range(0, 5) → [0, 1, 2, 3, 4]

※ Tip.

(코드) len(객체)

len 함수는 입력한 객체에 대한 길이(개수)를 산출해줍니다. 위에서 상품의 단일값을 l_c3의 객체에 저장을 시켰는데, 이 단일값의 개수를 값으로 산출해주는 기능입니다.

(예시) len(['Beauty & Health', 'Clothes', 'Foods', 'Home', 'Office']) = len(l_c3) = 5

※ Tip.

(코드) np.repeat([value], repeats, axis=None)

입력값인 value에는 리스트 형식으로 반복하고 싶은 값을 입력해주면 됩니다. 그 다음 인자인 repeats에는 반복 횟수를 입력해주면 됩니다. axis에 대한 인자는 반복하는 방향을 의미하는데, 이 책에서는 사용하지 않기 때문에 설명은 생략하겠습니다. 자세한 사용법을 알고 싶은 경우, 공식 홈페이지에서 확인할 수 있습니다.

(예시) np.repeat([0, 1, 2], 2) → [0, 0, 1, 1, 2, 2]가 나오게 됩니다.

이 함수들을 이용하여 앞에서 **정의한 각 범주 (label)에 대한 개수와 순서를 이용해서 반복되게 지정**해주면 됩니다.

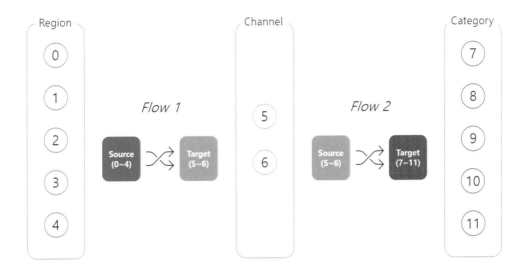

앞에서 그래프의 구성요소를 설명하기 위해 구조화시켰던 그림입니다. 숫자는 각 범주의 순서 위치를 의미하고, 숫자에 대응되는 값들은 label로 지정된 범주값입니다. Flow마다의 구성되는 source와 target의 위치에 맞추어, 각 범주값을 참조하여 앞에서 설명한 함수들을 이용해줍니다.

Flow1에 대한 시작 범주의 개수는 5개로 순서는 0~4이고, 이동할 범주의 개수는 2개입니다. 이에 대한 source는 0~4의 값이 2번씩 반복되는 형태입니다.

(Flow1) np.repeat([0, 1, 2, 3, 4], 2) = np.repeat(range(0, 5), 2)

→ range의 시작 값 0은 시작 위치, 끝 값 5는 시작 범주 개수

→ 뒤의 2는 이동할 범주 개수

Flow2에 대한 시작 범주의 개수는 2개로 순서는 5~6이고, 이동할 범주는 5개입니다. 이에 대한 source는 5~6의 값이 5번씩 반복되는 형태입니다.

(Flow2) np.repeat([5, 6], 5) = np.repeat(range(5, 7), 5)

→ range의 시작 값 5는 Flow1의 시작 label 개수

→ range의 끝 값 7은 Flow1의 시작 범주 개수와 Flow2의 시작 범주 개수 (누적)

→ 뒤의 5는 이동할 범주 개수

범위로 참조할 값을 순서대로 객체의 길이로 입력해주면, 별다른 지정없이 자동적으로 source에 대한 값이 생성됩니다.

Sankey Diagram 구성요소 자동화 – source

```
# 기본: 하나씩 입력

sources = [ 0, 0, 1, 1, 2, 2, 3, 3, 4, 4 ] + [ 5, 5, 5, 5, 5, 6, 6, 6, 6, 6 ]
# 응용: 단일값 참조하여 한번에 입력 (값의 위치 확인 필수)

source1 = list(np.repeat(range(0, len(l_c1)), len(l_c2)))

source2 = list(np.repeat(range(len(l_c1), len(l_c1) + len(l_c2)), len(l_c3)))

sources = source1 + source2
```

```
print(sources)

[0, 0, 1, 1, 2, 2, 3, 3, 4, 4, 5, 5, 5, 5, 5, 6, 6, 6, 6, 6]
```

마지막으로 target에 대한 구성을 확인해보겠습니다. 앞의 source와 동일한 방식으로 작성해주면 되는데, 구분할 점은 source는 시작 위치에 대한 속성이고 target은 이동 위치에 대한 속성입니다.

Flow1의 시작 범주 5개에 대한 target 개수는 2개로 순서는 5~6이고, 흐름은 10개입니다. 이에 대한 target은 (5, 6)의 값이 5번씩 반복되는 형태입니다.

(Flow1)　list(range[5, 5+2]) * 5 = list(range[5, 7]) * 5

→ range의 시작 값 5는 target의 시작 위치

→ 곱해지는 5는 시작 범주 개수

Flow2의 시작 범주 2개에 대한 target 개수는 5개로 순서는 7~11이고, 흐름은 10개입니다. 이에 대한 target은 (7~11)의 값이 2번씩 반복되는 형태입니다.

(Flow2)　list(range[5+2, 5+2+5]) * 2 = list(range[7, 12]) * 2

→ range의 시작 값 7은 target의 시작 위치

→ 곱해지는 2는 시작 범주 개수

범위로 참조할 값을 순서대로 객체의 길이로 입력해주면, 별다른 지정없이 자동적으로 target에 대한 값이 생성됩니다.

```
# 기본: 하나씩 입력
targets = [ 5, 6, 5, 6, 5, 6, 5, 6, 5, 6 ] + [ 7, 8, 9, 10, 11, 7, 8, 9, 10, 11 ]
# 응용: 단일값 참조하여 한번에 입력 (값의 위치 확인 필수)
target1 = list(range(len(l_c1), len(l_c1) + len(l_c2))) * len(l_c1)
target2 = list(range(len(l_c1) + len(l_c2), len(l_c1) + len(l_c2) + len(l_c3))) * len(l_c2)
targets = target1 + target2
```

이렇게 Sankey Diagram 구성요소를 자동화시키는 방법도 다뤄보았습니다. Flow와 범주들이 많을수록 코드 작성의 효율이 높아집니다. 아래는 구성요소의 전체 코드입니다.

```
# label
l_c1 = list(df_g[ 'Region' ].unique())
l_c2 = list(df_g[ 'Channel' ].unique())
l_c3 = list(df_g[ 'Category' ].unique())
labels = l_c1 + l_c2 + l_c3
# source
source1 = list(np.repeat(range(0, len(l_c1)), len(l_c2)))
source2 = list(np.repeat(range(len(l_c1), len(l_c1) + len(l_c2)), len(l_c3)))
sources = source1 + source2
# target
target1 = list(range(len(l_c1), len(l_c1) + len(l_c2))) * len(l_c1)
target2 = list(range(len(l_c1) + len(l_c2), len(l_c1) + len(l_c2) + len(l_c3))) * len(l_c2)
targets = target1 + target2
# value
values = list(value1[ 'Revenue' ]) + list(value2[ 'Revenue' ])
```

3. Plotly Application Chart

Application Chart는 다양한 그래프로 구성되어 있습니다. 이 그래프들 중에서 유용한 Chart들을 이용해서 매출 데이터를 시각화합니다.

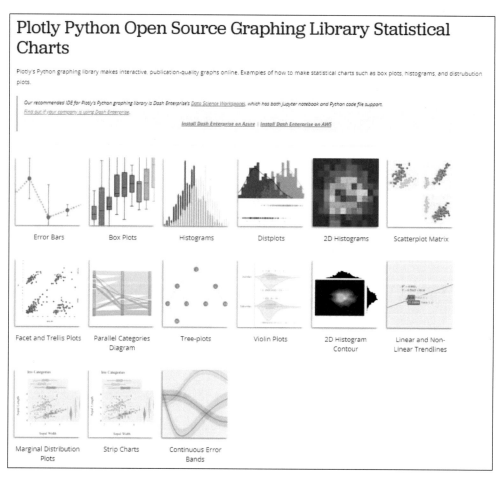

· (URL) https://plotly.com/python/

3.1. Box Plot

Box Plot은 보통 상자 그림이라고 불리며, 변수의 수치를 5가지 요약 통계량인 최소값, 제1사분위, 제2사분위, 제3사분위, 최대값을 이용하여 대략적인 분포를 확인할 수 있습니다. 여기서 변수는 1개의 수치형 변수만이 아니라, 집단으로 구성된 범주형 변수에 대해서도 용이하게 표현할 수 있습니다. Box Plot의 구현 코드는 다음과 같습니다.

Box Plot 기본 구문

```
trace = go.Box(y = 수치형 값)

data = [ trace ]

layout = go.Layout(디자인 옵션)

fig = go.Figure(data, layout)

fig.show( )
```

· (URL) https://plotly.com/python/box-plots/

이번 장에서는 **특정 연도의 값을 선택한 뒤, 대륙(Region)별 매출(Revenue)의 분포**를 살펴보겠습니다. 대륙별 매출 분포를 비교하기 위해 데이터 가공을 해줍니다. 참조할 리스트 변수인 'regions'를 생성해준 뒤, 그래프 상에서 순서대로 표현해주기 위해 정렬해줍니다.

```
# 2020년도 대륙별 매출액 비교
df_g = df[df['year'] == '2020'].loc[:,['Region','Revenue']].copy()
df_g.head(3)
```

	Region	Revenue
2009	Africa	30171.10
10034	Africa	38133.80
23660	Africa	39590.10

```
# 대륙별 오름차순 정렬
regions = list(df_g['Region'].unique())
regions.sort()
regions
```
```
['Africa', 'America', 'Asia', 'Europe', 'Oceania']
```

제2장 chapter 2.2에서 설명했던 반복문을 동일하게 이용해줍니다. 빈 리스트를 생성한 뒤, 반복문을 통해 참조 리스트인 regions를 반복문의 인자로 넣어줍니다. 대륙에 대한 매출(Revenue) 분포의 그래프를 위해 반복적으로 그래프 객체를 생성해줍니다.

대륙별 매출액 분포 비교 – 중첩 Box Plot 구현

```
traces = [ ]
for region in regions:
    tmp = df_g[ df_g[ 'Region' ] == region ]
    traces.append(go.Box(y = tmp[ 'Revenue' ],
                          name = region ) )
data = traces
layout = go.Layout(title = 'Chapter 3.1 - Box Plot')
fig = go.Figure(data, layout)
fig.show( )
```

코드를 실행시켜 주면 다음과 같은 중첩 그래프가 출력됩니다. 2020년도의 대륙별 매출 분포가 순서대로 출력되고, 5가지 요약 통계량 수치도 확인할 수 있습니다.

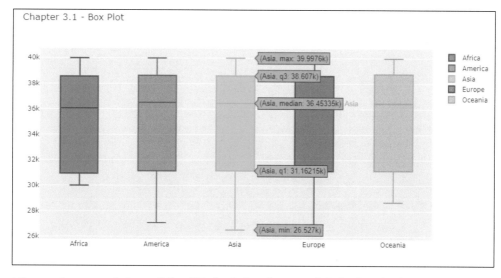

Africa, Oceania 순으로 매출 변동이 작았으며, Asia에서의 변동이 가장 큰 것을 확인할 수 있습니다.

3.2. Histogram

Histogram은 영문 그대로 히스토그램이라고 불리며, 수치형 데이터의 범위를 일정한 간격으로 나누어 구간을 만든 뒤 해당 구간에 속하는 자료의 도수에 비례하여 면적을 갖는 막대로 표현해줍니다. Histogram의 구현 코드는 다음과 같습니다.

Histogram 기본 구문

```
trace = go.Histogram(x = 수치형 값)

data = [ trace ]

layout = go.Layout(디자인 옵션)

fig = go.Figure(data, layout)

fig.show( )
```

· (URL) https://plotly.com/python/histograms/

이번 장에서는 **특정 연도의 값을 선택한 뒤, 연령대(AgeGroup)별 구매수량(Quantity) 을 비교**해보겠습니다. 연령대별 구매수량 분포를 비교하기 위해 데이터 가공을 해줍니다. 참조할 리스트 변수인 'ages'를 생성해준 뒤, 그래프 상에서 순서대로 표현해주기 위해 정렬해줍니다.

```
# 2020년도 연령별 구매수량 비교
df_g = df[df['year'] == '2020'].loc[:, ['AgeGroup', 'Quantity']].copy()
df_g.head(3)
```

	AgeGroup	Quantity
2009	30s	31
10034	60s	169
23660	40s	42

```
# 연령별 오름차순 정렬
ages = list(df_g['AgeGroup'].unique())
ages.sort()
ages
```
```
['20s', '30s', '40s', '50s', '60s']
```

기존의 그래프들과 동일하게 반복문을 이용해줍니다. 빈 리스트를 생성한 뒤, 반복문을 통해 참조 리스트인 ages를 반복문의 인자로 넣어줍니다. 나이에 따른 구매수량 (Quantity) 분포의 그래프를 위해 반복적으로 그래프 객체를 생성해줍니다.

새로운 구문을 통해 구조를 지정하여 다중 그래프를 시각화해보겠습니다. 사용할 함수는 Plotly 라이브러리 내의 **make_subplot( )**이고, 그래프를 구현할 구획의 **행과 열의 개수를 지정**해줍니다.

이 함수는 처음 'fig'에 구조를 정의해 준 뒤, 그래프 객체를 리스트 형식으로 추가해주는 방식을 이용해줍니다. 이를 위해서, **append_trace(그래프 객체, 행, 열)**의 형식을 사용합니다.

---

make_subplot( ) 기본 구문

```
from plotly.subplots import make_subplots

fig = make_subplot(rows = 행의 수, cols = 열의 수, shared_yaxes = options)

data = [ trace1, trace2, … ]

fig.append_trace( …, rows, cols )    # 위치: 행과 열의 값 입력

fig.append_trace( data[0], 1, 1 )    # 위치: 1행 1열,  trace1 입력

fig.append_trace( data[1], 1, 2 )    # 위치: 1행 2열,  trace2 입력

fig.update_layout(디자인 옵션)

fig.show( )
```

· (URL) https://plotly.com/python/subplots/

이 make_subplot( )을 이용한 중첩 그래프 구현도 가능하지만, 이번 장에서의 설명은 구획을 나누어 구현하는 것에 초점을 맞췄습니다. (중첩 그래프에 대한 응용은 제3장의 코로나19 데이터로 실습하는 과정에 포함되어 있습니다.)

y축의 값을 공유하는 옵션은 다음과 같습니다. 지정한 옵션에 따라 공유되는 y축 값이 결정됩니다.

options	내 용
True	동일한 row (행) 내의 처음 그려진 그래프의 y축 값을 공유
'columns'	동일한 column (열) 내의 처음 그려진 그래프의 y축 값을 공유
'all'	모든 그래프가 처음 그려진 그래프의 y축값을 공유

설명한 바와 같이, 그래프 객체는 반복문을 통해 리스트 형식으로 생성해주고 각 그래프를 어느 위치에 지정할 지의 값을 append_trace( )를 이용하여 추가해줍니다.

연령대별 구매수량 분포 비교 - 다중 Histogram 구현

```python
fig = make_subplots(rows = 2, cols = 3, shared_yaxes = 'all')
trace = [ ]
for age in ages:
    trace.append(go.Histogram(x = df_g[df_g[ 'AgeGroup' ] == age][ 'Quantity' ],
                    name = age))
fig.append_trace( trace[0], 1, 1 )    # 위치 지정: 1행 1열
fig.append_trace( trace[1], 1, 2 )    # 위치 지정: 1행 2열
fig.append_trace( trace[2], 1, 3 )    # 위치 지정: 1행 3열
fig.append_trace( trace[3], 2, 1 )    # 위치 지정: 2행 1열
fig.append_trace( trace[4], 2, 2 )    # 위치 지정: 2행 2열
fig.update_layout(title = 'Chapter 3.2 - Histogram')
fig.show()
```

지정한 위치에 각 그래프들이 구현된 것을 확인할 수 있고, y축 공유의 옵션을 all로 하였기 때문에 처음 그려진 그래프에 맞추어 모든 그래프의 y축이 공유됩니다.

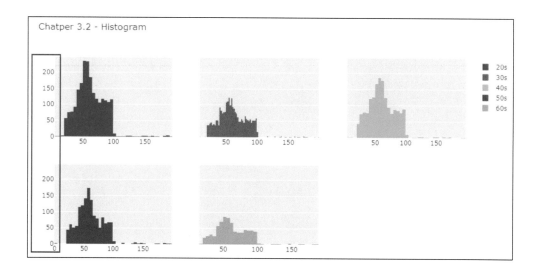

2020년도에서의 연령대별 구매수량 분포를 확인해보면, 전체적인 연령에서의 주문빈도 분포는 유사한 것을 확인할 수 있습니다. 구매수량은 60대가 가장 낮은 것을 볼 수 있습니다.

또한, 20대에서 60~70개의 주문 빈도가 많은 것을 확인할 수 있고, 30대에서는 상대적으로 절반 수준의 주문 빈도를 확인할 수 있습니다. 하지만, 30대가 20대에 비해 막대의 폭이 좁기 때문에, 구매수량이 다양하고 주문 건수도 많은 것으로 보입니다. 따라서, 30대에서의 주문 건수와 매출이 높다는 것을 유추해볼 수 있습니다.

3.3. Error Bar

Error Bar는 보통 오차 막대라고 불리며, 일반적으로 데이터 값들에 대한 범위(Range)나 표준편차(Standard Deviation)를 이용하여 자료의 산포를 표현해줍니다. 막대의 길이로 산포를 파악할 수 있는데, 길수록 퍼져있고 짧을수록 모여있는 것을 의미합니다.

Error Bar는 error_x( ), error_y( ) 옵션으로 추가할 수 있습니다. 만약 **x축에 수치형 값을 넣어 표현하고 싶은 경우는 error_x( ), y축에는 error_y( )**를 사용해줍니다. 모두 표현하고 싶다면, 두 옵션을 동시에 입력하여 사용하면 됩니다. 중심으로부터의 차이값을 array의 값으로 입력합니다.

(예시) 차이값 = 상한값 − 평균값 = 평균값 − 하한값

go.Chart에는 go.Bar, go.Scatter와 같이 두 변수 간의 관계를 표현해주고, 수치형 값을 입력할 수 있는 축에 맞추어 그래프를 사용하면 됩니다. 코드는 다음과 같고, 일반적으로 y축에 대한 Error Bar를 많이 사용합니다. Error Bar의 구현 코드는 다음과 같습니다.

Error Bar 기본 구문

```
trace = go.Chart(x = 값,

                 y = 수치형 값,

                 error_y = dict(type = 'data',        # 실제값 이용 | 'percent'는 비율

                                array = 차이값),

                 text = 텍스트)      # hover text 사용

data = [ trace ]

layout = go.Layout(디자인 옵션)

fig = go.Figure(data, layout)

fig.show( )
```

· (URL) https://plotly.com/python/error-bars/

이번 장에서는 **특정 대륙과 상품을 선택한 뒤, 채널(Channel)별 매출(Revenue) 추이와 산포를 비교**해보겠습니다. 채널별 매출 추이와 분포를 비교하기 위해 데이터를 가공해줍니다. 'Asia' 내의 'Foods' 상품에 대한 데이터만 추출해 준 뒤, Channel 내 연도별 매출액의 평균과 표준편차를 계산해줍니다.

계산된 통계량 결과들을 하나의 데이터로 결합해주기 위해 pandas 라이브러리에서 제공하는 concat( ) 코드를 이용합니다. 공통키로 결합하는 merge와는 다르게, **index를 기준으로 결합**해줍니다. (GitHub에 업로드된 Cheat Sheet 참고)
· reset_index(drop = True) : index 초기화
· axis = 1 : 가로 결합 / axis = 0 : 세로 결합(default)

```
# Asia 내의 Foods 상품 데이터 추출
df1 = df[(df['Region'] == 'Asia') & (df['Category'] == 'Foods')].copy()

# 채널별 연도 평균 매출 추이 비교
df_g = df1.loc[:,['Channel','year','Revenue']].copy()
# 상품/연도별 매출 통계량 계산 & 결과 결합
g_mean = df_g.groupby(by = ['Channel','year'], as_index = False).mean()   # 평균
g_std = df_g.groupby(by = ['Channel','year'], as_index = False).std()     # 표준편차
g_n = df_g.groupby(by = ['Channel','year'], as_index = False).count()     # 개수
df_g1 = pd.concat([g_mean.reset_index(drop = True),
                   g_std['Revenue'].reset_index(drop = True),
                   g_n['Revenue'].reset_index(drop = True)],
                   axis = 1)
df_g1.columns = ['Channel','year','mean','sd','n']   # 변수명 변경
df_g1
```

	Channel	year	mean	sd	n
0	Offline	2017	26880.61	17991.99	571
1	Offline	2018	24327.82	15074.61	494
2	Offline	2019	33775.66	7986.38	486
3	Offline	2020	35251.41	3605.51	596
4	Online	2017	27472.50	18373.43	284
5	Online	2018	27586.79	17518.94	339
6	Online	2019	33973.61	9131.46	431
7	Online	2020	35282.40	3652.67	1607

요약 통계량을 보면 Offline에서의 연도별 평균 매출액(mean)은 2018년도에 감소했다가 다시 증가하는 추세를 보입니다. 반면, 구매 건수(n)는 해마다 비슷하고, 표준편차(sd)는 확연히 줄어드는 추세를 보이는데, 해가 지날수록 오프라인에서의 매출액 변동이 줄어드는 것을 의미합니다.

반면, Online에서의 연도별 평균 매출액은 점진적으로 증가하는 추세를 보이고, 구매 건수는 폭발적으로 증가하는 추세를 보입니다. Offline과 비슷하게 표준편차는 확연히 줄어드는 추세를 보입니다.

Offline에 대한 연도별 매출액 추이와 변동을 파악하기 위해 Scatter Chart를 이용해서 확인해보겠습니다. x축에는 연도, y축에는 평균 매출액을 입력해줍니다. 매출액에 대한 표준편차를 error_y( ) 안의 array 값으로 넣어줍니다.

Offline 연도별 매출액 분포 비교 – Error Bar 구현

```python
df_g2 = df_g1[df_g1[ 'Channel' ] == 'Offline' ].copy()
trace = go.Scatter(x = df_g2[ 'year' ],
                   y = df_g2[ 'mean' ],
                   error_y = dict(type = 'data',
                                 array = df_g2[ 'sd' ] ),
                   name = 'Offline'
                   )
data = [ trace ]
layout = go.Layout(title = 'Chapter 3.3 - Scatter & Error Bar (Offline)',
                  xaxis = dict(title = 'Year'),
                  yaxis = dict(title = 'Revenue (Mean)'))
fig = go.Figure(data, layout)
fig.show()
```

다음과 같이 연도별 평균 매출액 추이와 변동이 시각화됩니다. y축값(평균 매출액)에 대해 차이값인 매출 변동(표준편차)값이 더해져서 상한값, 빼져서 하한값으로 입력됩니다.

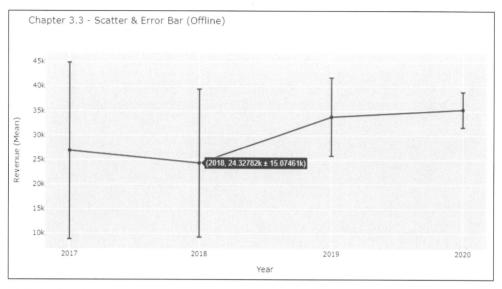

위에서 설명한 것처럼 2018년도에서 평균 매출액이 감소했다가 증가하는 것을 확인할 수 있고, 해가 지날수록 매출액의 변동이 감소하는 것을 Error Bar의 길이로 파악할 수 있습니다.

다음으로 모든 Channel (Online, Offline)에 대해, 앞의 Scatter Chart 대신 Bar Chart 를 이용하여 동시에 비교하는 그래프를 구현해보겠습니다. 여기서 일부 Tip으로 축 범위와 hover text 조정에 대해 설명해보겠습니다.

```
# 상한값, 하한값 생성
df_g1['lower'] = df_g1['mean'] - df_g1['sd']
df_g1['upper'] = df_g1['mean'] + df_g1['sd']
# 축 범위 - 최소값 및 최대값 계산
import math
ymax = math.ceil(df_g1['upper'].max()*1.05)
ymin = math.ceil(df_g1['lower'].min()*0.95)
```

※ Tip.

(코드) ymax = math.ceil(df ['upper'].max( ) * 1.05)

그래프 구현 시에 축의 값은 자동으로 적절한 범위에 맞추어 표현됩니다. 바로 앞에서 구현한 Scatter Chart의 값을 보면 10K ~ 45K로 자동으로 설정됩니다. 하지만 축의 범위가 자동으로 변경되는 경우, **전체적인 값에 비해 어느 정도의 위치인지를 파악하여 비교하기 어렵다는 문제점**이 있습니다.

이러한 문제를 방지하기 위해 현업에서는 시스템을 개발하는 경우, **최소값과 최대값 대비 5% ~ 10% 수준으로 설정하여 축 범위를 조정**해줍니다. 위의 코드는 데이터에서의 상한값들 중 최대값 기준으로 5%의 여유를 주었습니다. 이러한 조정을 간단하다고 생략하는 경우가 있지만, 3장인 대시보드 개발에서는 아주 유용하게 사용됩니다.

```
# hover text 입력 -> 평균값 (하한값, 상한값)
df_g1['text'] = (df_g1['mean']/1000).round(2).apply(lambda x: str(x)) + 'K (' + ₩
                (df_g1['lower']/1000).round(2).apply(lambda x: str(x)) + 'K, ' + ₩
                (df_g1['upper']/1000).round(2).apply(lambda x: str(x)) + 'K)'
df_g1.head(3)
```

	Channel	year	mean	sd	n	lower	upper	text
0	Offline	2017	26880.61	17991.99	571	8888.63	44872.60	26.88K (8.89K, 44.87K)
1	Offline	2018	24327.82	15074.61	494	9253.21	39402.43	24.33K (9.25K, 39.4K)
2	Offline	2019	33775.66	7986.38	486	25789.28	41762.04	33.78K (25.79K, 41.76K)

※ Tip.

(코드) df['text'] = (df ['mean'] / 1000).round(2).apply(lambda x: str(x)) + 'K'

2.1장의 Bar Chart에서 설명한 내용의 연장선으로, 수치만 조정하는 것이 아니라 문자열까지 같이 조정할 수 있습니다. 위 코드는 실습에 사용할 일부 구문으로, 새로운 변수로 텍스트를 할당해줍니다.

순서대로 해석하면, 'mean'의 값을 1000으로 나누어주고, 소수점 2자리까지 반올림을 해준 뒤 문자 형식으로 변환해줍니다. 그 다음 'K'의 문자열을 더해준다는 의미입니다.

(예시) mean=33775.66의 값인 경우, '33.78K'의 문자열 값 생성

'Channel'에 대한 참조 리스트와 빈 리스트를 생성한 뒤, 참조 리스트인 channels를 반복문의 인자로 넣어줍니다. 대륙에 대한 매출(Revenue) 분포의 그래프를 위해 반복적으로 그래프 객체를 생성해줍니다.

위에서 설정한 축 범위와 hover text에 대한 값도 지정해줍니다. 이번 그래프에서 축 범위는 0 ~ ymax로 지정하여 출력해보겠습니다.

연도별 매출액 분포 비교 – Error Bar 구현

```python
# 채널 참조리스트 생성
channels = list(df_g1[ 'Channel' ].unique())
# 빈 리스트 생성
traces = [ ]
for channel in channels:
    dat = df_g1[ df_g1[ 'Channel' ] == channel ]
    traces.append(go.Bar(x = dat[ 'year' ],
                          y = dat[ 'mean' ],
                          error_y = dict(type = 'data',
                                         array = dat[ 'sd' ]
                                         ),
                          text = dat[ 'text' ],    # hover text 활성화
                          name = channel
                          ))
data = traces
layout = go.Layout(title = 'Chapter 3.3 - Bar & Error Bar',
                   xaxis = dict(title = 'Year'),
                   yaxis = dict(title = 'Revenue (Mean)',
                                range = [ 0, ymax ]))
fig = go.Figure(data, layout)
fig.show( )
```

지정한 것처럼 y축 범위가 조정되어 출력되었고, 마우스 커서를 올리면 text에 대한 정보가 출력됩니다. 기존에 자동으로 출력되는 text 아래에 출력됩니다.

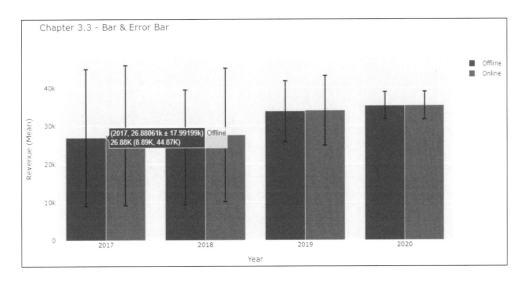

만약 입력한 text로만 출력하고 싶은 경우, hoverinfo = 'text'라는 옵션을 추가해줍니다. Error Bar를 상단 부분만 출력하고 싶은 경우, symmetric = False라는 옵션을 추가해줍니다. (default는 True로 입력되어 있어, 위의 그래프처럼 대칭되어 출력)

hover text 관련 옵션 및 비대칭 옵션

traces.append(go.Bar(x = dat['year'],
 	
                y = dat['mean'],
 	
                error_y = dict(type = 'data',
 	
                        symmetric = False,   # 비대칭
 	
                        array = dat['sd']),
 	
                text = dat['text'],   # hover text 활성화
 	
                hoverinfo = 'text',   # 입력한 text만 활성화
 	
                name = channel))

위의 코드로 변경하여 실행하는 경우, 아래처럼 hover text가 입력한 text만 출력됩니다. 그리고 Error Bar의 옵션으로 하단 부분이 사라지고, 상단 부분만 출력됩니다.

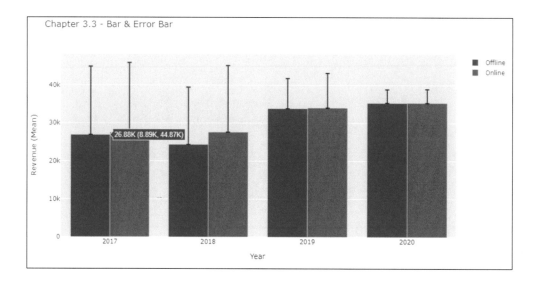

실습한 내용을 생각해보면 단순히 Scatter Chart에 대해 추가해주는 것보단, Bar Chart에 추가해주는 것이 시각적으로 정보 전달이 용이합니다. 이렇게 Error Bar는 기본 그래프를 바탕으로 추가적인 정보를 나타내기 때문에, 표현할 그래프에 맞추어 적절한 조정이 필요합니다.

3.4. Radar Chart

Radar Chart는 보통 방사형(레이더) 차트라고 불리며, 다수의 평가항목이 있는 경우에
사용합니다. 평가항목 수에 따라 원을 동일한 간격으로 나눈 뒤, 중심에서 일정 간격으
로 칸을 구분해줍니다. 그리고 각 평가항목의 정량화된 점수에 맞추어 선으로 이어주면
되는데, 일반적으로 정량화 수치는 점수 척도를 많이 사용합니다. 평가항목들 간의 균
형과 경향을 함께 표시해주기 때문에 한 눈에 비교하기 편리합니다. Radar Chart의 구
현 코드는 다음과 같습니다.

Radar Chart 기본 구문

```
trace = go.Scatterpolar(r = 평가점수,

                        theta = 평가항목,

                        fill = 'toself' )        # 내부 음영 채우기

data = [ trace ]
layout = go.Layout(디자인 옵션)
fig = go.Figure(data, layout)
fig.show( )
```

· (URL) https://plotly.com/python/radar-chart/

이번 장에서는 **연도별로 각 상품들의 매출(Revenue) 구간 순위를 비교**해보겠습니다.
상품별 매출의 순위를 위해 매출액 구간별로 순위를 비교하기 위해 데이터를 가공해줍
니다. 다음과 같이 금액별로 'Rank'라는 순위 변수를 생성해줍니다.

Rank	매출액 조건
1	10000000 미만
2	10000000 이상 ~ 30000000 미만
3	30000000 이상 ~ 50000000 미만
4	50000000 이상 ~ 70000000 미만
5	70000000 이상

먼저 연도-상품별 매출 합계를 계산해 준 뒤, 위의 조건에 맞추어 순위 변수를 생성해
줍니다.

```
# 연도별 상품 매출액 합계
df_g = df.loc[:,['Category','Revenue','year']].groupby(by = ['year','Category'], as_index=False).sum()
# 매출액 별 순위 생성
df_g['Rank'] = 0
df_g.loc[df_g['Revenue']<10000000, 'Rank'] = 1
df_g.loc[(df_g['Revenue']>=10000000) & (df_g['Revenue']<30000000), 'Rank'] = 2
df_g.loc[(df_g['Revenue']>=30000000) & (df_g['Revenue']<50000000), 'Rank'] = 3
df_g.loc[(df_g['Revenue']>=50000000) & (df_g['Revenue']<70000000), 'Rank'] = 4
df_g.loc[(df_g['Revenue']>=70000000), 'Rank'] = 5
df_g.head()
```

	year	Category	Revenue	Rank
0	2017	Beauty & Health	23283787.00	2
1	2017	Clothes	51198619.54	4
2	2017	Foods	71108532.70	5
3	2017	Home	12880057.40	2
4	2017	Office	12493113.18	2

2020년도에 대한 그래프만 구현해보겠습니다. 코드는 다음과 같습니다. 구성요소 'r'에
는 평가점수를, 'theta'에는 평가항목을 입력해줍니다. 내부 음영을 채우기 위해 fill 옵
션을 사용하였습니다.

2020년도 상품 매출액 순위 비교 – Radar Chart 구현

```
d20 = df_g[df_g[ 'year' ] == '2020' ].copy()

trace = go.Scatterpolar(r = list(d20[ 'Rank' ]),          # 평가점수

                        theta = list(d20[ 'Category' ]),   # 평가항목

                        fill = 'toself',                   # 내부 음영

                        name = '2020')

data = [ trace ]

layout = go.Layout(title = 'Chapter 3.4 - Radar Chart')

fig = go.Figure(data, layout)

fig.show( )
```

다음과 같이 2020년도에 대한 상품별 매출 순위를 확인할 수 있습니다. Foods에 대한 매출이 5점으로 가장 높았고, 다음으로 Beauty & Health, Home의 순서로 매출이 높음을 확인할 수 있습니다.

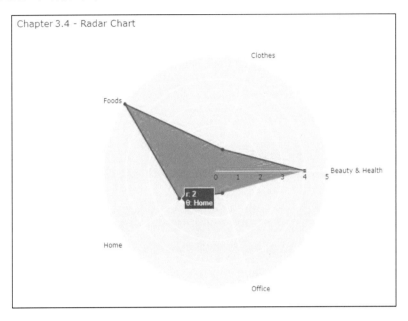

여기서 마지막 부분 Office ~ Beauty & Health 구간은 실선으로 채워지지 않았는데, 이 부분을 채우기 위해선 Office에서 Beauty & Health로 연결되도록 값을 한 번 더 입력해주어야 합니다.

· 기존 : 4 → 1 → 5 → 2 → 1   (마지막 값 까지만 연결)

· 변경 : 4 → 1 → 5 → 2 → 1 → 4 (마지막 값을 처음 값으로 연결)

year	Category	Revenue	Rank
2020	Beauty & Health	50422423.60	4
2020	Clothes	9222744.80	1
2020	Foods	215992523.32	5
2020	Home	17467185.80	2
2020	Office	8401640.60	1

값 복사 입력

각 항목들을 리스트 형식으로 객체에 저장시킨 뒤, append( ) 함수를 사용하여 리스트 처음 값을 맨 마지막에 추가해주면 됩니다.

```
ranks = list(d20['Rank'])
ranks.append(ranks[0])
thetas = list(d20['Category'])
thetas.append(thetas[0])
print(ranks, '\n',thetas)

[4, 1, 5, 2, 1, 4]
['Beauty & Health', 'Clothes', 'Foods', 'Home', 'Office', 'Beauty & Health']
```

생성한 리스트 객체를 이용해서 다음과 같이 입력해 준 뒤, 그래프를 재출력해 줍니다.

Radar Chart – 마지막 부분 연결	
trace = go.Scatterpolar(r = ranks,	# 평가점수
theta = thetas,	# 평가항목
fill = 'toself',	# 내부 음영
name = '2020')	
data = [trace]	

다음처럼 마지막 부분이 다시 처음까지 연결된 것을 확인할 수 있습니다.

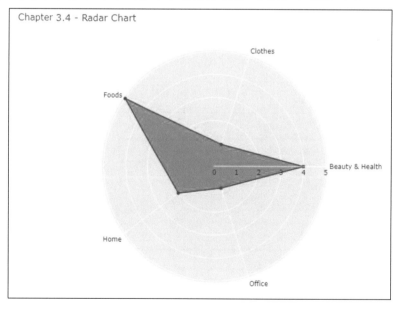

마지막으로 전체 연도별 상품 매출 순위를 비교해보겠습니다. 연도마다 레이더 차트를 생성해주기 위해 연도를 반복문의 인자로 입력해주고, 해당 연도의 데이터를 추출해줍니다. 그 다음 그래프의 마지막 부분을 연결해 주기 위해 상품과 순위 리스트를 생성해주고, 처음 값을 맨 마지막에 추가해줍니다.

여기서 내부 음영을 채워주게 되면, 그래프가 중첩되어 비교가 어려울 수 있으니 해당 옵션은 제외해줍니다.

```
2020년도 상품 매출액 순위 비교 - Radar Chart 구현

years = list(df_g[ 'year' ].unique( ))              # 연도 리스트 생성
years.sort( )                                       # 오름차순 정렬
traces = [ ]
for year in years:
    dat = df_g[df_g[ 'year' ] == year]              # 특정 연도 추출
    ranks = list(dat[ 'Rank' ])                     # 매출 순위 리스트
    ranks.append(ranks[0])                          # 마지막 연결부 추가
    thetas = list(dat[ 'Category' ])                # 상품 리스트
    thetas.append(thetas[0])                        # 마지막 연결부 추가
    traces.append(go.Scatterpolar(r = ranks,        # 평가점수
                            theta = thetas,          # 평가항목
                            name = year))
data = traces
layout = go.Layout(title = 'Chapter 3.4 - Radar Chart',
                legend_orientation = 'h',           # 범주 수평 나열
                legend = dict(x = 0.3, y = -0.1))   # 범주 위치 조정
fig = go.Figure(data, layout)
fig.show( )
```

모든 연도에 대해 상품별 매출 순위를 파악할 수 있습니다. Foods에 대한 매출은 항상 높고, Home에 대한 매출은 비슷한 매출을 유지하는 것을 확인할 수 있습니다. 시간이 지날수록 Beauty & Health에 대한 매출은 증가하지만, 반대로 Clothes에 대한 매출은 감소하는 것을 확인할 수 있습니다.

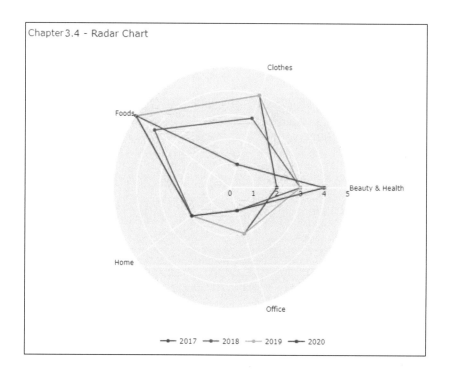

3.5. Indicator

Indicator는 보통 지표값을 표현하며, 기본값 대비 차이값을 보여줍니다. 일반적으로 지표 수치가 기준이 되는 기간 대비 어느 정도의 차이가 발생했는지 확인할 때 용이합니다. 예를 들면, 전월 대비 매출과 이익에 대한 수치를 파악하거나, 전일 대비 질병의 확진자 수를 파악하는데 사용할 수 있습니다. Indicator의 구현 코드는 다음과 같습니다.

Indicator 기본 구문
| ```
trace = go.Indicator(mode = option,        # 출력 모드

                     value = 수치형 값,      # 주요값

                     number = dict(옵션),    # 주요값 형식 설정

                     delta = dict(옵션),     # 차이값 입력 및 형식 설정

                     gauge = dict(옵션),     # 게이지 형식 설정

                     domain = dict(옵션)     # 출력 범위 설정

                     )

data = [ trace ]

layout = go.Layout(디자인 옵션)

fig = go.Figure(data, layout)

fig.show( )
``` |

· (URL) https://plotly.com/python/indicator/

options	내 용
'gauge'	게이지 형식으로 출력 (default)
'number'	주요값만 출력
'delta'	차이값만 출력
조 합	'number+delta', ' gauge+number+delta' 등 여러 조합 가능
```

실습 데이터 사용에 앞서, 다양한 구조를 확인하기 위해 홈페이지에 소개된 기본적인 구현 코드를 실행해보겠습니다. 코드의 구성은 다음과 같습니다.

- layout : 기본값 reference 90 설정 / 제목 Speed 설정 / 게이지, 숫자, 차이값 설정
- trace1 : 게이지 형식 / 주요값 200 / reference 160 (차이값: 40) / 1행 1열
- trace2 : 게이지 형식(모양 변경) / 주요값 120 / reference 90 (차이값: 30)
- trace3 : 숫자와 차이값 / 주요값 300 / reference 90 (차이값: 210)
- trace4 : 차이값 / 주요값 40 / reference 90 (차이값: -50)

Indicator 기본 예제

```
trace1 = go.Indicator(value = 200,
                      delta = dict(reference = 160),
                      gauge = dict(axis = dict(visible = False)),     # 눈금 생략
                      domain = dict(row = 0, column = 0))
trace2 = go.Indicator(value = 120,
                      gauge = dict(shape = 'bullet'),                 # 총알 모양
                      domain = dict(x = [0.05, 0.5], y = [0.15, 0.35]))
trace3 = go.Indicator(mode = 'number+delta',
                      value = 300,
                      domain = dict(row = 0, column = 1))
trace4 = go.Indicator(mode = 'delta',
                      value = 40,
                      domain = dict(row = 1, column = 1))
data = [ trace1, trace2, trace3, trace4 ]
layout = go.Layout(grid = { 'rows' : 2, 'columns' : 2, 'pattern' : 'independent' },
                   template = {'data' : { 'indicator' :
                                         [{ 'title' : { 'text' : 'Speed' },
                                           'mode' : 'number+delta+gauge',
                                           'delta' : { 'reference' : 90}}]}})
fig = go.Figure(data, layout)
fig.show( )
```

앞에서 설명한 것처럼 총 4개의 Indicator가 구현되었습니다. delta에 대한 색상을 보면, 기본 색상은 증가 시 초록색, 감소 시 빨간색으로 설정되어 있습니다.

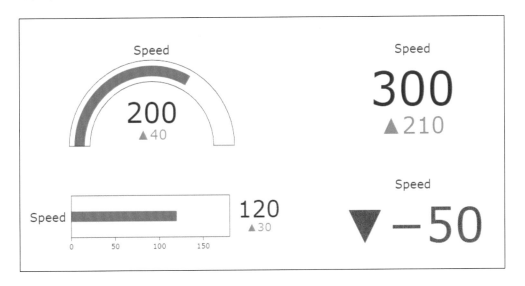

이번 장에서는 **특정 연도의 매출(Revenue)과 이익(Margin)을 비교**해보겠습니다. 이익에 대한 변수를 생성해주고, 매출과 이익의 합계 산출을 위해 데이터를 가공해줍니다. 수치가 크기 때문에, 100만으로 나눠주어 million 단위로 변경 후 소수점 2자리로 반올림해줍니다.

```python
# 이익(Margin) 생성
df['Margin'] = df['Revenue'] - df['Cost']
# 2020년도 매출 및 이익
df_g = df[df['year']=='2020'].copy()
# 수치 출력 조정 (10만 단위)
df_g1 = round(df_g.loc[:,['Revenue','Margin']].sum()/1000000,2)
df_g1

Revenue    301.51
Margin      98.26
dtype: float64
```

2020년도에 대한 매출 및 이익의 총계를 구현해보겠습니다. 코드는 다음과 같습니다. 구성요소 value에는 '매출 총액', delta안의 reference에는 '매출 총액 – 이익 총액'을 계산하여 차이값을 입력해줍니다. 주요값에 대해 앞에는 \$를, 뒤에는 M을 붙이고 1000 단위에 ','를 구분자로 설정해줍니다. 차이값에 대해 소수점 2자리의 실수 형식과 증가 시 색상은 파란색으로 변경해주고, 위치는 상단에 위치하도록 설정해줍니다.

매출 및 이익 총계 비교 – Indicator 구현

```
values = df_g1[ 'Revenue' ]

deltas = df_g1[ 'Revenue' ] - df_g1[ 'Margin' ]

trace = go.Indicator(mode = 'number+delta',              # 출력 방식

                     value = values,                     # 주요값 입력

                     number = dict(prefix = '$',         # 주요값 앞 문자열

                                   suffix = 'M',         # 주요값 뒤 문자열

                                   valueformat = ',0f'), # 값 형식

                     delta = dict(reference = deltas,    # 차이값 입력

                                  valueformat = '.2f',   # 값 형식

                                  relative = False,

                                  increasing = dict(color = 'blue'),   # 증가 시 색상

                                  position = 'top'))      # 차이값 위치

data = [ trace ]

layout = go.Layout(title = 'Chapter 3.5 - Indicator',

                   paper_bgcolor = 'white')              # 배경 흰색

fig = go.Figure(data, layout)

fig.show( )
```

2020년도의 총 매출액은 $301.51M이고, 이익은 $98.26M로 설정되어 출력됩니다.

아래의 사진은 존스 홉킨스 CSSE(Centers for Systems Science and Engineering)에서 신종 코로나 바이러스 (COVID-19)의 전 세계 현황을 실시간으로 보여주는 대시보드입니다. 확진자, 사망자, 검사자 수에 대한 값들에 대해서는 이번 장에서 소개한 Indicator를 이용하여 시각화할 수 있습니다.

· (URL) https://coronavirus.jhu.edu/map.html

3.6. Maps

Map은 점의 좌표 (위도, 경도) 또는 공간 좌표를 이용하여 지도를 표현해줍니다. Map 의 종류는 많이 있지만, 이번 장에서는 많이 사용하는 Bubble Map과 Choropleth Map을 소개합니다.

Bubble Map은 영문 그대로 버블 맵으로 불리며, 영역마다 분포의 차이를 Bubble의 크기로 표현해줍니다. 매출액을 입력하여 국가별 매출 비교가 가능하고, 또는 존스 홉 킨스 대시보드처럼 Bubble 크기로 확진자 수를 입력하여 국가별 확진자 비교도 가능합 니다. Bubble Map의 구현 코드는 다음과 같습니다. Layout 내의 geo 옵션에서 Map에 대한 설정이 가능합니다.

Bubble Map 기본 구문

```
trace = go.Scattergeo(lon = 경도,                      # 좌표 경도 값
                      lat = 위도,                       # 좌표 위도 값
                      mode = 'markers',                 # 산점도
                      marker = dict(symbol = 'circle',  # 원 모양
                                    size = 크기)         # 원 크기
                      )
data = [ trace ]
layout = go.Layout(디자인 옵션,
                   geo = dict(scope = 'world',          # 지도 범위
                   showcountries = True))               # 지도 경계선
fig = go.Figure(data, layout)
fig.show( )
```

· (URL) https://plotly.com/python/bubble-maps/

Choropleth Map은 단계 구분도로 불리며, 영역(또는 지역)별로 구분한 뒤 색이나 명암을 이용하여 해당 영역의 분포를 표현해줍니다. Choropleth Map의 구현 코드는 다음과 같습니다. 점의 좌표를 사용하는 Bubble Map과는 다르게, 단순히 국가 코드를 참조하여 지도상에서 영역이 구분됩니다. 여기서 국가 코드는 국제표준화기구(ISO-3)에서 정한 3자리 약어이며, 예를 들어 미국과 한국은 'USA', 'KOR' 입니다.

Layout 내의 geo 옵션에서 Map에 대한 설정이 가능합니다.

Choropleth Map 기본 구문

```
trace = go.Choropleth(locations = 영역의 국가 코드,

                      z = 영역 내 수치형 값)
data = [ trace ]
layout = go.Layout(디자인 옵션,

                   geo = dict(scope = 'world',        # 지도 범위

                              showcountries = True))   # 지도 경계선
fig = go.Figure(data, layout)
fig.show( )
```

· (URL) https://plotly.com/python/choropleth-maps/

※ Tip.

scope = 'world' (default), 'usa', 'europe', 'asia', 'africa', 'north amearica', 'south america'
기본 설정은 전 세계인 world로 입력되어 있고, 원하는 대륙에 맞추어 옵션값을 수정하면, 해당 대륙에 맞추어 자동으로 지도가 시각화됩니다.

메인 그래프로 들어가는 go.Scattergeo와 go.Choropleth의 명령어만 다를 뿐, 그 외의 디자인과 관련된 옵션은 동일하게 사용 가능합니다.

이번 장에서는 **특정 연도의 국가(Country)별 매출(Revenue)을 비교**해보겠습니다.

국가별 매출 합계 산출을 위해 데이터를 가공해줍니다. 1.3장에서 실습 데이터를 결합하는 과정에서 사용한 merge 함수를 동일하게 이용해줍니다. 기본으로 제공되는 데이터에서 'Country.csv' 파일에 지리 정보가 담겨있고, 실습 데이터에는 사전에 결합을 시켜놨으니 변수명을 지정하여 사용하면 됩니다.

계산한 매출 합계 데이터를 기준으로, **'Country'를 공통키**로 좌표 데이터를 결합해줍니다. 여기서 Map에 필요한 정보는 국가명(Country), 점의 좌표인 위도(Latitude)와 경도(Longitude), 국가 코드(Code3) 이렇게 4개입니다.

그래프 상에서의 hover text를 위해 표현할 문자열도 생성해줍니다.

(형식) 국가명 – Total Revenue : 매출액 (단위: M)

```
# 2020년도 데이터 추출
df_g = df[df['year']=='2020'].copy()
# 국가별 매출 합계 : 수치 출력 조정 (10만 단위)
df_g1 = df_g.loc[:,['Country','Revenue']].groupby(by = ['Country'], as_index=False).sum()
# 국가별 고유 좌표값
df_map = df.loc[:,['Country','Longitude','Latitude','Code3']].drop_duplicates()
# 국가별 매출 데이터와 좌표 결합
df_g2 = df_g1.merge(df_map, on = 'Country', how = 'left')
# 출력 문구 생성
df_g2['text'] = df_g2['Country'] + ' - Total Revenue : ' + ₩
            round(df_g2['Revenue']/1000000,1).astype(str) + 'M'
df_g2.head()
```

	Country	Revenue	Longitude	Latitude	Code3	text
0	Australia	17937580.10	149.12	-35.31	AUS	Australia - Total Revenue : 17.9M
1	Austria	3618448.90	16.37	48.21	AUT	Austria - Total Revenue : 3.6M
2	Belgium	6990961.80	4.47	50.50	BEL	Belgium - Total Revenue : 7.0M
3	Canada	12659751.70	-75.70	45.42	CAN	Canada - Total Revenue : 12.7M
4	China	35419012.93	104.20	35.86	CHN	China - Total Revenue : 35.4M

가공된 데이터를 이용해서 Bubble Map 과 Choropleth Map 에 대해 순서대로 구현해보겠습니다.

2020년도에 대한 국가별 매출 총계를 Bubble Map을 이용하여 지도상에 구현해보겠습니다. 코드는 다음과 같습니다. 구성요소에 맞추어 위도와 경도를 입력해주고, 적절한 버블 크기를 위해 marker의 size 옵션에서 매출액의 입력값을 조정해줍니다.

projection_type은 사영시킬 지도의 유형을 지정하는 옵션으로, 총 18가지의 유형이 있습니다. 자세한 유형은 참고를 위해 코드 파일에 입력해두었으니, 원하는 형식의 지도 유형을 선택하여 사용하면 됩니다.

국가별 매출 총계 비교 – Bubble Map 구현

```
trace = go.Scattergeo(lat = df_g2[ 'Latitude' ],            # 위도

                      lon = df_g2[ 'Longitude' ],           # 경도

                      mode = 'markers',                     # 산점도

                      marker = dict(symbol = 'circle',      # 원형

                                    size = np.sqrt(df_g2[ 'Revenue' ] / 10000)),

                      text = df_g2[ 'text' ],       # hover text 활성화

                      hoverinfo = 'text')          # 입력한 text만 활성화

data = [ trace ]
layout = go.Layout(title = 'Chapter 3.6 - Bubble Maps',
                   geo = dict(scope = 'world',
                              projection_type = 'equirectangular',
                              showcountries = True))    # 국가 경계선

fig = go.Figure(data, layout)
fig.show( )
```

2020년도의 국가별 매출 총액이 지도상에 잘 구현된 것을 확인할 수 있습니다. 마우스 커서를 올리면 입력한 문자열 형식대로 출력되고, 원형 크기도 매출액 크기에 맞추어 표현된 것을 확인할 수 있습니다.

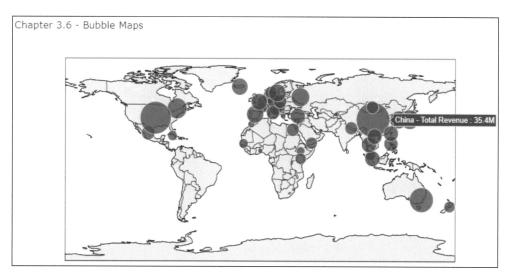

마우스 휠을 이용하면 지도를 확대하거나 축소할 수 있고, 드래그하여 이동할 수도 있습니다. 처음 상태로 돌아가기 위해 마우스 왼쪽을 더블클릭 해주면 화면이 초기화됩니다.

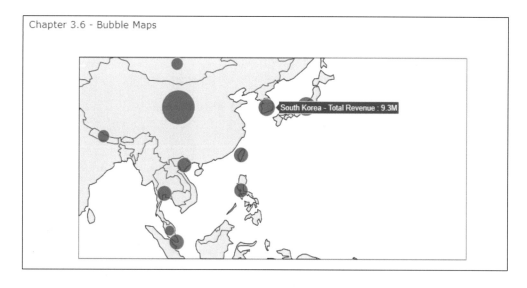

다음으로는 동일한 시각화를 Choropleth Map을 이용하여 지도상에 구현해보겠습니다. 코드는 다음과 같습니다. 구성요소에 맞추어 영역의 국가 코드를 입력해주고, 매출액을 입력해줍니다.

그 외 지도 내의 구성을 변경하는 옵션에 대한 값들을 입력해줍니다. 별다른 색상을 지정해주지 않으면 매출액 구간을 자동으로 구분하여 구간별 색상이 구분되고, 해당 색상에 맞추어 우측에 컬러바가 생성됩니다.

```
국가별 매출 총계 비교 - Choropleth Map 구현
trace = go.Choropleth(locations = df_g2[ 'Code3' ],        # 국가 코드 (영역)

                      z = df_g2[ 'Revenue' ],              # 영역 내 표현 값

                      colorscale = 'Blues',                # 영역 색상

                      reversescale = True,                 # 컬러바 scale 반대

                      marker_line_color = 'darkgray',      # 영역 테두리 색상

                      marker_line_width = 0.5,             # 영역 테두리 두께

                      colorbar_tickprefix = '$',           # 컬러바 축 문자열

                      colorbar_title = 'Revenue US$')      # 컬러바 제목

data = [ trace ]
layout = go.Layout(title = 'Chapter 3.6 - Choropleth Maps',

                   geo=dict(scope = 'world',

                            projection_type = 'equirectangular',

                            showframe = False,             # 지도 테두리

                            showcoastlines = False))       # 해안 경계선

fig = go.Figure(data, layout)
fig.show( )
```

2020년도의 국가별 매출 총액이 지도상에 잘 표시되었고, 우측의 컬러바처럼 매출액에 맞추어 파란색 명암으로 분포를 파악할 수 있습니다. Scale을 반대로 지정하였기 때문에, 매출액이 낮은 구간은 진한 파란색, 높은 구간은 옅은 파란색으로 표현됩니다.

옵션의 활용 예시를 위해, Bubble Map과는 다르게 세부적인 국경선과 해안선, 그리고 지도 자체의 테두리는 출력하지 않았습니다.

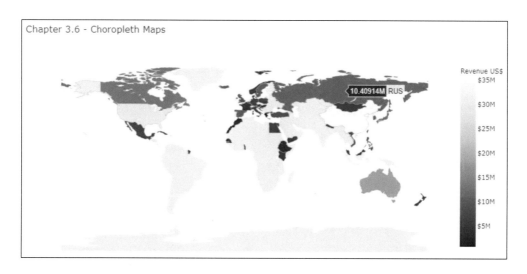

데이터 특성에 맞추어 적절하다고 판단되는 그래프를 미리 생각하고, 그에 따라 정보 전달에 알맞은 Map을 선택하여 사용하는 것이 좋습니다.

이렇게 Plotly 라이브러리에서 많이 사용하는 Chart들을 실습 데이터를 사용해서 연습해봤습니다. 각 그래프를 설명하면서 기본 코드와 함께 URL을 표기해두었는데, 접속해보면 간단한 예제부터 다양한 옵션들을 사용하여 응용한 예제들도 확인할 수 있습니다.

아래의 URL은 Plotly Community 웹페이지로, Plotly 라이브러리를 사용하는 과정에서 발생한 문제점이나 궁금증 등을 토론할 수 있습니다.

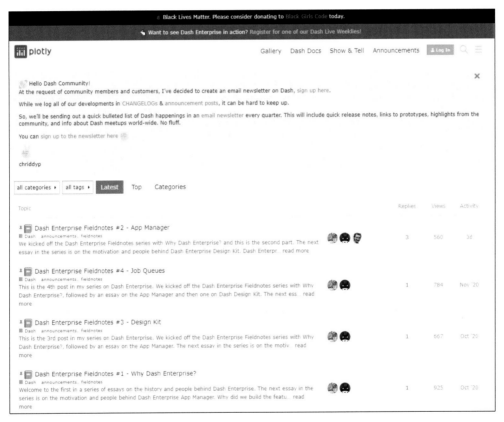

· (URL) https://community.plotly.com/

제 3 장. Dashboard 개발하기

1. Dash란?

Dash란 Web Analytic Application을 구축하기 위한 파이썬 프레임워크를 제공해주는 라이브러리로, customize한 User Interface(UI)에 데이터 Visualization App을 구축하는데 이상적입니다.

Dash App (이하 앱)은 웹 브라우저에서 렌더링(rendering)되는데, 서버에 앱을 배포한 다음 URL을 통해 공유가 가능하고 모바일에서도 사용 가능합니다. Dash에 대한 자세한 설명은 아래의 웹페이지에 접속하여 확인할 수 있습니다.

· (URL) https://dash.plotly.com/

쉽게 말하면, 파이썬 라이브러리인 Dash를 이용하여 웹 기반의 Interactive Web Application를 개발할 수 있습니다. Application은 주로 대시보드(Dashboard)의 형태로 개발합니다.

Dash에 관한 설명은 필수적이고 자주 사용하는 구성요소들에 대해서만 다룰 예정입니다. 실습할 Dash의 기본 구조와 구성요소를 잘 이해한다면, 다른 사람들이 개발하고 배포한 대시보드 구조도 한 눈에 파악하여 벤치마킹도 할 수 있습니다.

1.1. Dash 설치

Dash를 설치하는 방법은 1장에서 소개한 라이브러리 설치 방법과 동일합니다. 주피터 노트북에서 처음 dash를 호출하면 설치가 되어있지 않아, 에러 메시지가 반환됩니다.

```
import dash
-------------------------------------------------------------------
ModuleNotFoundError                       Traceback (most recent call last)
<ipython-input-7-41ab4880e0b0> in
----> 1 import dash

ModuleNotFoundError: No module named 'dash'
```

· [라이브러리 설치]   !pip install dash

아래와 같이 코드를 입력하여 dash를 설치해주면, 기본적으로 필요한 구성요소들도 함께 설치됩니다. 맨 마지막에 설치가 성공적으로 완료됐다는 메시지와 함께, 설치된 버전들도 표시됩니다.

```
!pip install dash

Collecting dash
  Downloading dash-1.19.0.tar.gz (75 kB)
Requirement already satisfied: Flask>=1.0.4 in c:\users\hong\anaconda3\lib\site-packages (from dash) (1.1.2)
Collecting flask-compress
  Downloading Flask-Compress-1.9.0.tar.gz (10 kB)
Requirement already satisfied: plotly in c:\users\hong\anaconda3\lib\site-packages (from dash) (4.14.3)
Collecting dash_renderer==1.9.0
  Downloading dash_renderer-1.9.0.tar.gz (1.0 MB)
Collecting dash-core-components==1.15.0
  Downloading dash_core_components-1.15.0.tar.gz (3.5 MB)
Collecting dash-html-components==1.1.2
  Downloading dash_html_components-1.1.2.tar.gz (188 kB)
Collecting dash-table==4.11.2
  Downloading dash_table-4.11.2.tar.gz (1.8 MB)
                                        (install ...)
  Stored in directory: c:\users\hong\appdata\local\pip\cache\wheels\8a\bc\a8\7ad1d354777cfe77413fd7a092e07d7cc82f88f98997f4c463
  Building wheel for dash-table (setup.py): started
  Building wheel for dash-table (setup.py): finished with status 'done'
  Created wheel for dash-table: filename=dash_table-4.11.2-py3-none-any.whl size=1839873 sha256=93cc7db6a1df9ab056a5010c96e774a099f52b6f97
a910b7f3c962cfef600490
  Stored in directory: c:\users\hong\appdata\local\pip\cache\wheels\cc\1d\a0\720dcf854e410eddbe44f8434f4d3a6332fdd085178eeac4f9
Successfully built dash flask-compress dash-renderer dash-core-components dash-html-components dash-table
Installing collected packages: brotli, flask-compress, dash-renderer, dash-core-components, dash-html-components, dash-table, dash
Successfully installed brotli-1.0.9 dash-1.19.0 dash-core-components-1.15.0 dash-html-components-1.1.2 dash-renderer-1.9.0 dash-table-4.1
1.2 flask-compress-1.9.0
```

설치한 dash 라이브러리의 버전은 제1장에서 소개한 것처럼 1.19.0 버전이고, 그 외 다른 구성요소들의 버전은 다음과 같습니다.

라이브러리	버 전
dash	1.19.0
dash-html-components	1.1.2
dash-core-components	1.15.0
flask-compress	1.9.0

기본적이면서 필수로 호출할 라이브러리는 총 5개로 다음과 같습니다.
· dash, html, dcc, Input, Output

```python
import dash
import dash_html_components as html
import dash_core_components as dcc
from dash.dependencies import Input, Output
```

Dash의 작동 순서를 요약하면 6단계로 정리할 수 있습니다.

  1) 파이썬 파일에 대한 인코딩 설정 (utf-8)

  2) Dash 라이브러리 호출 (위의 코드)

  3) app 정의: app = dash.Dash( )

  4) server 정의: server = app.server

  5) 정의한 app에 Layout & Callback 구성 (html, dcc, Input, Output)

  6) 작성한 script를 server로 Launch시킬 부분 작성: app.run_server( )

이 단계로 실행되는 app은 기존에 실습한 Plotly와 달리, 백그라운드에서 실행되는 Local web server가 필요한 active script입니다. Dash를 설치할 때 같이 설치된 Flask 를 서버의 Back-end로 사용하는데, 간단히 말하면 파이썬에서 직접적으로 실행되는 것이 아니라 웹을 통해 실행됩니다. **(웹 주소 자동할당: http://127.0.0.1:8050/)**

작동 순서에 맞추어 전체적인 앱 구현 과정을 코드로 작성하면 다음과 같습니다.

Dash app 기본 구문 (작동 순서)		
1)	# coding: utf-8	# utf-8 인코딩 설정
2)	import dash import dash_html_components as html import dash_core_components as dcc from dash.dependencies import Input, Output	# dash 호출 # html 호출 # dcc 호출 # Input, Output 호출
3)	app = dash.Dash()	# app 정의
4)	server = app.server	# server 정의
5)	app.layout = html.Div(dcc.Graph( ))	# Layout 정의

	@app.callback(Output(id, property),
	
	        Input(id, property))
	
	  def callback_function(input_value):
	
	     go.Figure( )
	
	     return output_value
		# Callback 정의
		
		# Callback function 정의
		→ 그래프 작성 부분

6)	if __name__ == '__main__': app.run_server(debug = False)	# app Launch

위의 코드 5)에서 go.Figure( )의 부분에 제2장에서 실습한 Plotly 그래프를 작성해주면, 할당된 Layout 영역 부분에서 작성한 그래프가 구현됩니다. 이 기본 구조를 토대로, html.Div( ), dcc.Graph( )를 적절히 활용하면 다양한 대시보드를 개발할 수 있습니다.

2. Dash 구조

Dash는 아래의 그림처럼 크게 2가지 부분으로 구성되어 있습니다. 먼저 앱을 구성하고 앱 안에 Layout으로 전반적인 구조를 잡아준 뒤, Callback을 통해 각 그래프들을 서로 연동시켜줍니다.

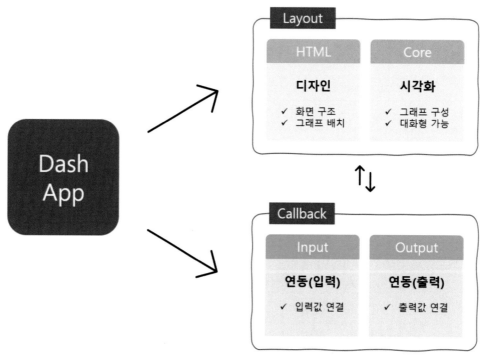

· (URL) https://dash.plotly.com/layout

· (URL) https://dash.plotly.com/basic-callbacks

2.1. Layout

웹 대시보드의 디자인 구조를 잡아주는 역할을 합니다. 일반적으로 웹 브라우저를 구성하기 위해선 HTML (화면 구조)과 CSS (화면 스타일)를 알아야 하지만, 잘 알지 못하더라도 Dash의 구성요소들을 통해 수월하게 설정할 수 있습니다. Layout의 구성요소는 크게 2가지로 구성되어 있습니다.

1) Dash HTML Components

HTML에 대한 구조를 잡아주는 구성요소로, 화면이나 그래프 등 전체적인 페이지 구조를 설정합니다. 아래의 웹페이지에 접속하면 Dash HTML로 구현 가능한 구성요소들을 모두 확인할 수 있습니다.

· (URL) https://dash.plotly.com/dash-html-components

구문은 'html.'으로 시작하며, 필수로 사용하는 구성요소는 html.Div( )로 전체적인 구조를 잡아줄 수 있습니다. Div는 Division의 약어로 Layout을 구성할 때 사용하는데, 이 구성요소를 이용해서 화면 공간을 구분하여 배치시킬 수 있습니다. 공간을 구성한 뒤, style을 이용하여 CSS 요소를 설정할 수 있습니다.

다시 말하면, html.Div( )를 통해 웹페이지의 전체적인 뼈대를 구성하고 style 옵션을 사용하여 꾸며줍니다. style에는 다양하고 많은 구성요소들이 있지만, 이 책에서는 기본적이면서 자주 사용하는 구성요소들을 아래의 표에 정리하였습니다. 자세한 사용의 예는 뒤의 실습에서 설명합니다.

구성요소	style 내용	dictionary 형식으로 입력
float	정렬 위치 (중앙/좌/우)	center, left, right
display	공간 배치 (한 줄/줄 바꿈 한 줄 & 한 칸 띄움/안보임)	inline, block, inline-block, none
textAlign	글씨 위치 (중앙/좌/우)	center, left, right
width	가로 크기 (비율/값)	%, px
height	세로 크기 (비율/값)	%, px
font-family	글씨체 지정	사용할 글씨체 입력

(예시) html.Div(

      children = 'Hello Dash',

      style = { 'float' : 'left', 'width' : '30%', 'height' : '30px', 'font-family' : 'sans-serif' })

2) Dash Core Components

개별적인 그래프를 설정하는 구성요소로, interactive한 기능을 추가해주기 위해 **각 그래프마다 '고유 id'를 설정**해줍니다. 만약 id가 중복되는 경우, 충돌이 일어나 에러가 발생하게 됩니다. 이 고유 id를 Callback에서 식별해주고 참조하여 연결해주면, 각 구성요소들이 연동되어 상호 운용이 가능해집니다. 아래의 웹페이지에 접속하면 구현가능한 구성요소들을 모두 확인할 수 있습니다.

· (URL) https://dash.plotly.com/dash-core-components

구문은 'dcc.'으로 시작하며, 이는 'dash core components'의 약어입니다. html과 동일하게 자주 사용하는 구성요소들을 아래의 표에 정리하였습니다. 자세한 사용의 예는 뒤의 실습에서 설명합니다.

구성요소	내 용	예 시
dcc.Checklist	체크 박스	☑ New York City ☑ Montréal ☐ San Francisco
dcc.Dropdown	목록	New York City ⠀⠀⠀⠀⠀⠀⠀⠀ × ⌃ **New York City** Montreal San Francisco
dcc.Graph	그래프	사용자 작성 (제2장 참고)
dcc.Markdown	텍스트	This is an \<h1\> tag This is an \<h2\> tag This is an \<h6\> tag
dcc.Tabs	다중 탭	Tab one ⠀⠀⠀⠀⠀ Tab two Tab content 1
dcc.Upload	파일 업로드	Drag and Drop or Select Files

마지막의 dcc.Upload를 적절히 사용한다면, 개발한 대시보드를 플랫폼처럼 활용이 가능해집니다. 이에 대한 사용 예시는 코로나19 데이터를 이용한 실습에서 다룹니다.

2.2. Callback

Layout으로 구조를 설정한 다음, 할당한 각 영역들의 '고유 id'를 이용하여 서로 연결해주는 역할을 합니다. 고유 id를 식별자로 하여 각 입력과 출력에 대해 구분해주고, Callback function (이하 함수)를 생성하여 입력값을 참조하고 그래프를 생성하여 출력해줍니다. Callback의 구성요소는 크게 Input, Output, State 이렇게 3가지로 구분되지만, State의 내용은 이 책에서 다루지 않습니다.

1) Input

입력값으로 사용할 부분을 식별하는 구성요소입니다. Layout에서 작성한 id를 인자로 입력해주면, 해당 영역의 값이 입력값으로 사용됩니다. 예를 들어, dcc.Dropdown을 이용하여 연도값 또는 특정값을 선택하면 해당 값이 입력값으로 사용되는 구조입니다.

2) Output

출력값으로 반환할 부분을 식별하는 구성요소입니다. Layout에서 작성한 id를 인자로 입력해주면, 해당 영역으로 출력값이 반환됩니다. 입력된 값을 함수(callback function)에서 참조하여 2장에서 다룬 Plotly를 활용한 그래프를 생성해 준 뒤 반환해줍니다.

Input과 Output의 속성값은 공통적으로 2가지가 있는데, 참조할 id인 **component_id**와 값 유형인 **component_property**가 있습니다. 사용 구문은 다음과 같고, 값 입력 시에는 모두 문자형(string)으로 입력해줘야 합니다.

```
(예시)  @app.callback(
            Output(component_id = 'id_output', component_property = 'figure'),
            Input(component_id = 'id_input', component_property = 'value')
        )
        def update_output(value_input):
                value_output = go.Figure( )
                return value_output
```

component_id는 Layout에서 작성한 id를 각각 입력과 출력에 대한 영역을 구분하여 입력해줍니다. component_property는 다음처럼 여러 속성값을 사용할 수 있습니다.

· value : 특정값

· figure : 그래프

· children : 숫자값, 문자값, 단일 component, list component 모두 가능

앞의 예시 코드가 의미하는 바는 Layout에서 고유 id가 'id_input'으로 정의된 영역의 값을 입력값으로 인식하고, update_output( ) 함수 인자로 참조합니다. 함수는 그래프 객체를 생성하여 반환시켜주는데, 반환값은 고유 id가 'id_output'으로 정의된 영역에 figure 형태로 반환됩니다.

조금 더 이해하기 쉽게 아래의 그림으로 설명해보겠습니다. 그림은 미국 뉴욕에 대한 코로나19 확진자 현황을 나타낸 Bar Chart입니다. 먼저 dcc.Dropdown에서 'New York'을 선택하면 Input의 입력값으로 받아서 함수 인자로 참조해줍니다. 그 다음, 함수 내에서 'New York'의 Bar Chart를 생성한 뒤, 할당한 영역에 출력하는 구조입니다.

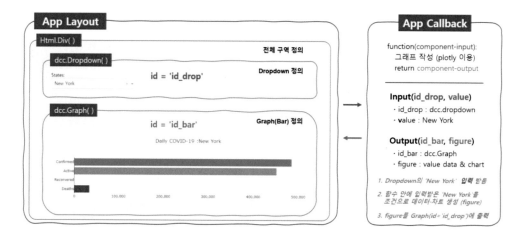

정리하면, Callback은 **Input인 입력값이 변화할 때마다 Output인 출력값도 업데이트를 해줘야 한다는 것을 'Dash app'에게 다시 알려주는 역할**을 합니다. 이런 구조를 통해서 결과적으로 Interactive visualization이 가능하게 됩니다.

2.3. Dash auth

Dash auth는 개발한 앱에 접근 권한을 부여할 수 있는 기능이며, ID와 Password를 설정할 수 있습니다. 필요한 라이브러리는 'dash_auth'이고 설치가 되어있지 않은 경우 설치를 진행해줍니다.

· [라이브러리 설치] !pip install dash_auth

사용할 구성요소는 USERNAME_PASSWORD이고, dictionary 또는 list 형식으로 입력하여 사용해주면 됩니다.

· Dictionary → { 'user_id' : 'user_password' }

· List → [['username', 'password'], ['user_id', 'user_password']]

ID, Password 권한 부여

```
import dash                                        # 라이브러리 호출

import dash_auth                                   # 라이브러리 호출

USERNAME_PASSWORD = { 'user' : 'pw1234' }          # ID, PW 설정

# USERNAME_PASSWORD = [ [ 'username', 'password' ], [ 'user' , 'pw1234' ] ]

app = dash.Dash( )                                 # 앱 생성

auth = dash_auth.BasicAuth(app, USERNAME_PASSWORD)     # 권한 추가

server = app.server

app.layout = html.Div( )
```

위의 코드를 이용하면 개발할 앱에 보안성을 추가할 수 있습니다.

3. Dash & Plotly 응용

이 장에서 책의 가장 중요한 부분인 **대시보드 개발**에 대한 내용을 설명합니다. 앞에서 설명했던 Plotly Graph와 Dash를 접목하여 대시보드 구현을 실습합니다. 1장에서 언급한 바와 같이 사용할 데이터는 매출 데이터와 코로나19 데이터를 이용하여, 총 2개의 대시보드를 개발합니다.

1) 매출 현황 대시보드

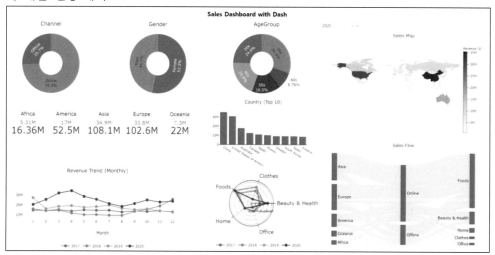

2) COVID-19 & 호흡기 질환 대시보드

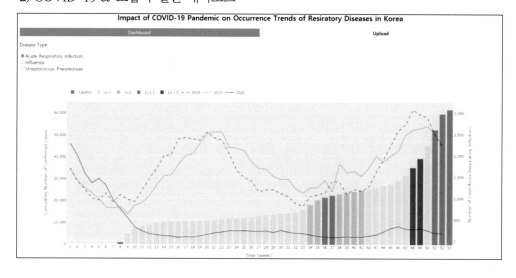

특히, 'COVID-19 & 호흡기 질환 대시보드'는 플랫폼 형식으로 사용이 가능하도록 Upload 기능을 추가하여 개발합니다. 누구나 동일한 형식의 데이터만 준비한다면, 데이터를 업로드하는 순간 Interactive Dashboard를 이용할 수 있도록 개발할 수 있습니다. 이런 기능을 이용한다면, 요즘 트렌드인 **'데이터 표준화'**에 대한 내용을 접목시켜서 활용도를 높일 수 있습니다.

예를 들어, 커피 브랜드에 대한 지역별 & 매장별 매출액을 **동일한 형식의 매출 데이터로 가공(데이터를 표준화)한다면,** 어느 지역의 매출이 높고 낮았는지 또는 어느 매장의 매출이 가장 높았는지도 확인할 수도 있습니다. 이런 대시보드 시각화를 통해서 매출 비교가 가능할 것이고, 매출이 높은 지역에 대한 매장 관리 방안을 매출이 낮은 지역에 대해 개선점으로 피드백을 줌으로써 매장 관리도 가능할 수 있습니다. 더 나아가 품목별, 메뉴별 매출도를 비교하여 각 지역의 선호도에 맞춘 시그니처 메뉴도 다르게 선정할 수 있습니다.

이렇게 대시보드 시각화와 데이터 표준화를 적절히 이용한다면, 활용성의 폭도 더욱 넓어짐과 동시에 관리의 효율성도 극대화할 수 있습니다.

제3장에서 실습할 대시보드는 GitHub에서 다운로드한 실습 코드에서
  1) 매출 현황 대시보드 : Chap3_1_dashboard_sales.ipynb
  2) COVID-19 & 호흡기 질환 대시보드 : Chap3_2_dashboard_covid.ipynb
을 참고하면 됩니다.

3.1. 대시보드1: 매출 현황 대시보드

일반적으로 시각화를 위한 화면 구성으로 종합 대시보드에는 여러 지표에 대한 정보를 모아 놓고, 지표별 화면은 관련 차트나 표를 3~5개 정도로 채우는 게 좋습니다.

각 지표별 화면마다 해당 지표에 대한 정보를 다각적으로 모아 놓고 한 번에 보면 좋을 것 같지만, 세부적인 현황 파악 및 분석을 하기 위한 화면에서는 오히려 복잡하게 느껴지며 직관성을 해칠 수 있습니다. 따라서 종합 대시보드에서 관리를 위한 지표들을 선정 후 화면을 만들고, 그 이후부터는 각 지표별 세부적인 화면을 만들되 차트는 최대 5개 이내로 제한하여 관리하는 게 좋습니다.

그럼 앞 장에서 기본 차트들을 만들 때 사용했던 매출 데이터로 매출 현황 대시보드를 만들어보겠습니다. 뒤에서 작성될 데이터 및 차트는 앞의 제2장을 참고하여 만들기 때문에 이해가 되지 않는다면 제2장 내용을 다시 보시기 바랍니다.

실습을 위해 필요한 라이브러리는 아래와 같습니다.

라이브러리 호출

```
import pandas as pd                                      # 조작 및 분석 처리
import numpy as np                                       # 행렬 및 배열 처리

import dash                                              # 웹 프레임워크 처리
import dash_core_components as dcc
import dash_html_components as html
import dash.dependencies import Input, Output, State

import plotly.graph_object as go                         # 인터랙티브 시각화
from plotly.graph import DEFAULT_PLOTLY_COLORS           # plotly 기본 색상 값
```

다음은 실습 데이터를 불러오겠습니다. 앞서 가공해 만들었던 매출 데이터를 불러오고 Margin, year, month 변수를 생성합니다. 그리고 연도를 선택할 수 있는 버튼을 만들 예정이므로 고유한 연도 값을 추출하여 years라는 변수를 생성하고 정렬시켜줍니다.

라이브러리 호출

```python
import pandas as pd
import numpy as np

# Dash packages
import dash
import dash_core_components as dcc
import dash_html_components as html
from dash.dependencies import Input, Output, State
import plotly.graph_objects as go

from plotly.colors import DEFAULT_PLOTLY_COLORS
```

데이터 호출

```python
# Local 기준 - 상위 폴더로 이동 후 data 폴더로 이동
path = '../data/'
```

```python
# 데이터 호출
df = pd.read_csv(path + 'Sales data/Data.csv')

# 이익(Margin) 생성
df['Margin'] = df['Revenue'] - df['Cost']
```

```python
# 연도, 월 변수 생성
df['year'] = df['OrderDate'].str.slice(start = 0, stop = 4)
df['month'] = df['OrderDate'].str.slice(start = 5, stop = 7)
# 데이터 정렬
df = df.sort_values(by = ['Region','Channel','Category','Item Type','year','month','Gender'])
```

연도 필터

```python
years = list(df['year'].unique())
years.sort()
```

데이터가 준비되었다면 대시보드를 실행시키기 위해 app과 server를 정의하고 해당 app의 화면 구성(Layout)을 만들어보겠습니다.

<table>
<tr><td colspan="2">App & Server 정의 - Layout 만들기</td></tr>
<tr><td>app = dash.Dash(__name__)</td><td># app 정의</td></tr>
<tr><td>app.title = ('Dashboard | Sales Data')</td><td># title (웹 브라우저 탭)</td></tr>
<tr><td>server = app.server</td><td># server 정의</td></tr>
<tr><td>app.layout = html.Div([</td><td># Layout 정의</td></tr>
<tr><td>   html.H2('Sales Dashboard with Dash',</td><td># Title 정의</td></tr>
<tr><td>   style={ 'textAlign' = 'center',</td><td># H2 속성: 가운데 정렬</td></tr>
<tr><td>   'marginBotton' = 10, 'marginTop' = 10 })])</td><td># H2 속성: 하·상단 10</td></tr>
<tr><td>if __name__ == '__main__':</td><td># app Launch</td></tr>
<tr><td> app.run_server(debug=False)</td><td></td></tr>
</table>

코드를 실행시키면 다음과 같이 나타납니다. Localhost인 http://127.0.0.1:8050/ 주소로 app이 실행됩니다. 빨간 줄에 있는 링크를 클릭합니다.

Dash

```
In [*]:   ▶   1  # App structure
              2  app = dash.Dash(__name__)
              3  app.title = ('Dashboard | Sales Data')
              4  server = app.server
              5
              6  # App layout
              7  app.layout = html.Div([
              8
              9      # Main Title
             10      html.H2('Sales Dashboard with Dash',
             11              style={'textAlign': 'center',
             12                     'marginBottom':10,
             13                     'marginTop':10})
             14      ])
             15
             16  # Run App
             17  if __name__=='__main__':
             18      app.run_server(debug=False)
```

Dash is running on http://127.0.0.1:8050/

```
* Serving Flask app "__main__" (lazy loading)
* Environment: production
  WARNING: This is a development server. Do not use it in a production deployment.
  Use a production WSGI server instead.
* Debug mode: off
* Running on http://127.0.0.1:8050/ (Press CTRL+C to quit)
```

링크를 클릭했을 때 아래와 같은 화면이 나타나면 정상적으로 작동되는 것입니다.

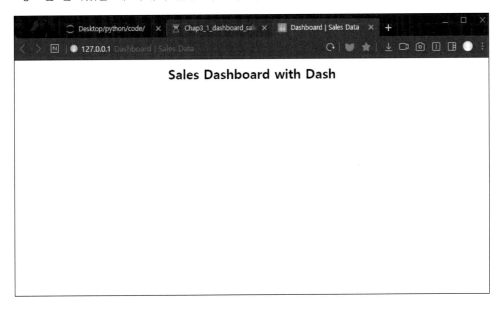

주의할 점은 앱을 한 번 실행하고 난 뒤, 코드를 수정하고 새로 적용하려면 기존에 Launch된 앱을 중단시킨 뒤 다시 Launch 시켜야 합니다. 중단시키려면 상단 도구줄에 있는 ■ (interrupt the kernel) 버튼을 눌러주고, 이 때 왼쪽의 In [*]: 부분에 *이 숫자로 변경되면 중단되었다는 뜻입니다.

이제 매출 현황 대시보드 화면의 전체적인 구성을 잡겠습니다. 전체 화면을 기준으로 왼쪽(65%)과 오른쪽(35%) 영역을 나누고, 각 영역별로 아래와 같이 화면 구성 후 차트를 만들어보겠습니다.

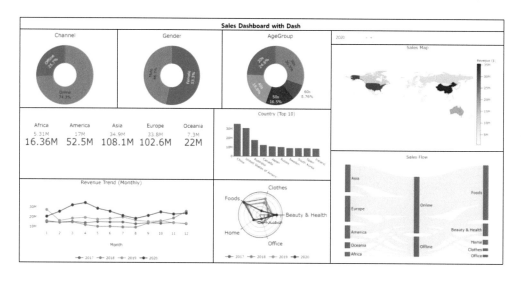

[왼쪽 영역]

1. Pie : 채널, 성별, 연령대별 매출 비율

2. Indicator : 대륙별 매출 및 이익

3. Bar : 국가별 상위 10개 매출

4. Line : 연도 및 월별 매출

5. Radar : 연도 및 상품별 매출

[오른쪽 영역]

1. Dropdown : 연도 선택

2. Map : 국가별 매출

3. Sankey : 대륙·채널·상품별 매출

화면 구성인 Layout 먼저 작성 후, Layout에서 지정한 차트는 이후에 Callback을 통해 작성하겠습니다. 코드는 다음과 같습니다.

App & Layout

```python
# App structure
app = dash.Dash(__name__)
app.title = ("Dashboard | Sales Data")
server = app.server

# App layout
app.layout = html.Div([

    # Main Title
    html.H2('Sales Dashboard with Dash', style={'textAlign': 'center', 'marginBottom':10, 'marginTop':10}),

    # 영역 나누기 - Left
    html.Div([

        ### Pie by Channel, Gender, AgeGroup
        html.Div(className='Pie',
                children=[
                    html.Div(dcc.Graph(id='channel'), style={'float':'left', 'display':'inline-block', 'width':'33%'}),
                    html.Div(dcc.Graph(id='gender'), style={'float':'left', 'display':'inline-block', 'width':'33%'}),
                    html.Div(dcc.Graph(id='agegroup'), style={'float':'right', 'width':'33%'})
                ]),

        ### Indicator by Region, Bar by Country
        html.Div(className='Indicator & Bar',
                children=[
                    html.Div(dcc.Graph(id='idc_africa'), style={'float':'left', 'display':'inline-block', 'width':'12%'}),
                    html.Div(dcc.Graph(id='idc_america'), style={'float':'left', 'display':'inline-block', 'width':'12%'}),
                    html.Div(dcc.Graph(id='idc_asia'), style={'float':'left', 'display':'inline-block', 'width':'12%'}),
                    html.Div(dcc.Graph(id='idc_europe'), style={'float':'left', 'display':'inline-block', 'width':'12%'}),
                    html.Div(dcc.Graph(id='idc_oceania'), style={'float':'left', 'display':'inline-block', 'width':'12%'}),
                    html.Div(dcc.Graph(id='country'), style={'float':'right', 'width':'40%'})
                ]),

        ### Line by Y#, Radar by Category
        html.Div(className='Line',
                children=[
                    html.Div(dcc.Graph(id='line'), style={'float':'left', 'display':'inline-block', 'width':'60%'}),
                    html.Div(dcc.Graph(id='radar'), style={'float':'right', 'width':'40%'})
                ])
    ], style={'float':'left', 'display':'inline-block', 'width':'65%'}),

    # 영역 나누기 - Right
    html.Div([
        html.Div(children=[
                    html.Div(dcc.Dropdown(id = 'id_year',
                                        options=[{'label':i, 'value':i} for i in years],
                                        value = max(years),
                                        style={'width':'50%'})),
                    html.Div(dcc.Graph(id='map')),
                    html.Div(dcc.Graph(id='sankey'))
                ])
    ], style={'float':'right', 'width':'35%'})
])

# Run App
if __name__=='__main__':
    app.run_server(debug=False)
```

1) 전체 영역인 html.Div를 선언 후, 그 안에 65:35 비율로 영역을 다시 나누기

2) 왼쪽 영역에 Pie (3), Indicator (5), Bar (1), Line (1), Radar (1) 총 11개의 id 부여

3) 오른쪽 영역에 Dropdown (1), Map (1), Sankey (1) 총 3개의 id 부여

4) 각 그래프의 영역과 위치를 style에서 옵션 값으로 조정

앞의 코드에서 간략하게 channel에 대해 설명하겠습니다. html.Div로 새로운 영역을 만들고 그 안에 id가 channel인 그래프를 지정합니다. 그리고 style을 이용해 왼쪽 ('float' : 'left')에 위치 후 바로 옆 공간에 새로운 영역이 위치('display' : 'inline-block')할 수 있도록 하고, 마지막으로 해당 영역을 가로 33% 비율('width' : '33%')로 줄여줍니다.

---

dcc.Graph (Channel) 의 style

```
html.Div(dcc.Graph(id='channel'),        # graph id 부여

        style={'float' : 'left',          # 왼쪽으로 배치

                'display' : 'inline-block',  # 한 줄 & 한 칸 띄움

                'width' : '33%'})         # 가로 길이의 33%
```

코드를 실행시키면 아래와 같은 화면이 나타나고, 위에서 작성한 Layout의 결과를 확인할 수 있습니다. 현재 각 차트를 dcc.Graph로 id만 부여하고 figure(차트와 데이터)를 작성하지 않았기 때문에 빈 그래프가 나타납니다.

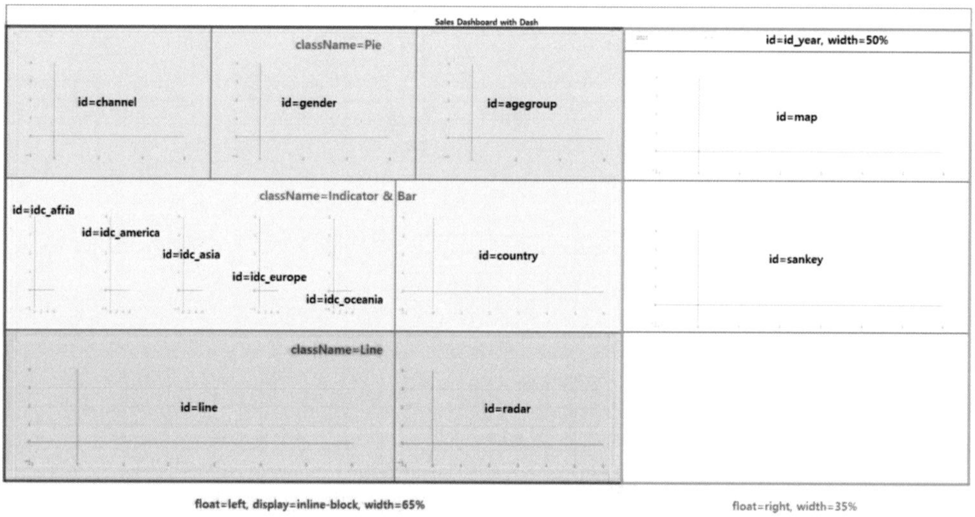

· (참고) 이해를 돕기 위해 각 영역을 구분한 그림임

이제 Callback으로 각 그래프에 들어갈 데이터와 차트를 설정하겠습니다. 첫 번째로 왼쪽 영역의 Pie 차트에 대한 코드입니다.

```
1  ### by Channel
2  @app.callback(Output('channel', 'figure'), [Input('id_year', 'value')])
3
4  def update_output(val):
5
6      # Sales by Channel
7      df_ch = df[df['year'] == val]
8      df_ch = df_ch.loc[:,['Channel','Revenue']].groupby(by = ['Channel'], as_index = False).sum()
9
10     # hover text
11     df_ch['text'] = round(df_ch['Revenue']/1000000,1).astype(str) + 'M'
12
13
14     trace = go.Pie(labels = df_ch['Channel'],
15                    values = df_ch['Revenue'],
16                    name = '',
17                    text = df_ch['text'],
18                    textinfo = 'label+percent',
19                    hovertemplate = "[%{label}]<br> Revenue: %{text}<br> Rate: %{percent}",
20                    hoverinfo='text',
21                    insidetextorientation = 'tangential',   # testinfo 타입 (tangential / auto / horizontal / radial)
22                    hole = 0.4
23                    )
24
25     data = [trace]
26
27     layout = go.Layout(title = 'Channel', showlegend=False,
28                    height=250, margin=dict(l=50, r=50, b=10, t=50)
29                    )
30
31     figure = {'data': data, 'layout': layout}
32
33     return figure
34
```

dcc.Graph(id='channel')에 Pie 차트가 나오도록 아래 내용을 참고하여 작성합니다.

1) input(id_year의 선택 값), output(선택 값을 channel에 부여)을 callback으로 연결

2) input 값을 val(인자)로 입력받는 update_output 함수 정의(def)

3) Channel별 Revenue 합계 데이터 생성 (이 때 id_year의 선택 값을 조건으로 지정)

4) plotly의 go.Pie를 사용하여 pie 차트 생성 (제2장 chapter 2.3 참고)

5) 차트의 layout에서 title, height, margin 등 세부 값 설정

6) 데이터와 차트를 figure에 저장 후, 함수 결과로 return 시키기

위 내용을 다시 한번 설명하자면, dropdown에서 선택한 특정 연도 값을 입력받아 차트로 출력하는 기능을 callback이 담당합니다. 그리고 output에 들어갈 figure를 함수로 만듭니다. 함수 안에서 input으로 받은 특정 연도 값에 해당되는 채널별 매출 데이터와 Pie 차트를 생성 및 figure에 저장하고, return을 사용하여 저장된 figure를 함수 결과로 출력합니다.

그리고 if __name__ == '__main__': app.run_server(debug=False) 코드를 실행시켜 다음과 같은 결과를 확인합니다.

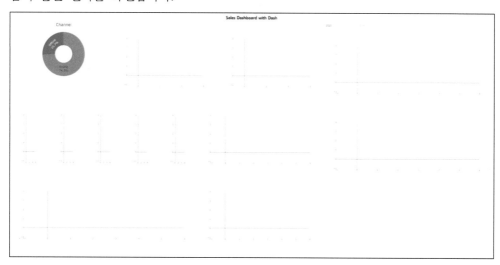

· (참고) App Launch 코드는 제일 마지막에 위치하여 실행

앞의 과정을 각 dcc.Graph마다 callback으로 input(입력)과 output(출력)을 연결하고, 데이터와 차트를 생성하는 과정을 def 함수로 만들어 출력합니다.

성별 및 연령대별 Pie 차트는 channel의 callback 코드를 두 번 복사하고 코드 안에 작성되어 있는 channel 단어 대신, gender와 agegroup으로 바꾸고 실행시키면 채널별/성별/연령대별, 총 3개의 Pie 차트가 생성됩니다.

여기서 한 가지 Tip이 있습니다.

특정 변수 값만 다르고 나머지는 모두 동일한 경우, 반복문을 이용하면 불필요한 부분을 줄일 수 있습니다. channel, gender, agegroup의 Pie 차트를 Loop로 반복 실행되도록 수정하겠습니다.

```
1   cols = DEFAULT_PLOTLY_COLORS
2
3   ######### Pie's
4   @app.callback([Output('channel',  'figure'),
5                  Output('gender', 'figure'),
6                  Output('agegroup',    'figure')],
7                 [Input('id_year', 'value')])
8
9   def update_output(val):
10
11      # loop value's
12      pies = ['Channel', 'Gender', 'AgeGroup']
13
14      # data by channel, gender, agegroup
15      figures = []
16
17      for i in range(len(pies)):
18          df_fig = df[df['year'] == val]
19          df_fig = df_fig.loc[:,[pies[i],'Revenue']].groupby(by = [pies[i]], as_index = False).sum()
20
21          # hover text
22          df_fig['text'] = round(df_fig['Revenue']/1000000,1).astype(str) + 'M'
23
24
25          trace = go.Pie(labels = df_fig[pies[i]],
26                         values = df_fig['Revenue'],
27                         name = '',
28                         text = df_fig['text'],
29                         textinfo = 'label+percent',
30                         hovertemplate = "[%{label}]<br> Revenue: %{text}<br> Rate: %{percent}",
31                         hoverinfo='text',
32                         insidetextorientation = 'tangential',    # textinfo 타입 (tangential / auto / horizontal / radial)
33                         hole = 0.4,
34                         marker_colors = cols  # pie color
35                         )
36          data = [trace]
37
38          layout = go.Layout(title=pies[i], title_x=0.5, title_xanchor='center', showlegend=False,
39                  height=250, margin=dict(l=50, r=50, b=10, t=50)
40                  )
41
42          figure = go.Figure(data, layout)
43          figures.append(figure)
44
45      return figures[0], figures[1], figures[2]
```

1) callback의 output에 리스트 형식으로 channel, gender, agegroup을 지정

2) 함수를 정의할 때 변수에 들어갈 Channel, Gender, AgeGroup을 pies로 생성

3) figures라는 빈 리스트 만들기 (반복문 실행 전에 생성)

4) for 문으로 총 3번 반복하여 pies의 값을 차례대로 입력받아 데이터 및 차트를 저장
   시킨 figure를 figures에 리스트 형식으로 넣은 뒤 반복 실행 종료

5) figures에 들어간 channel, gender, agegroup을 함수 결과로 return 시키기

6) 맨 위의 cols=DEFAULT_PLOTLY_COLORS는 plotly의 기본 색상 값으로
   반복 실행 시 색상이 순서대로 잡히도록 go.Pie안에서 marker_colos=cols로 설정함

위와 같이 for를 이용해서 동일한 코드에 특정 변수만 바꿔가며 반복 실행한다면, 기존
의 3개 차트가 35라인×3=105라인을 45라인으로 줄일 수 있게 됩니다.

두 번째로 대륙별 매출 및 마진에 대한 Indicator를 아래와 같이 만들겠습니다.

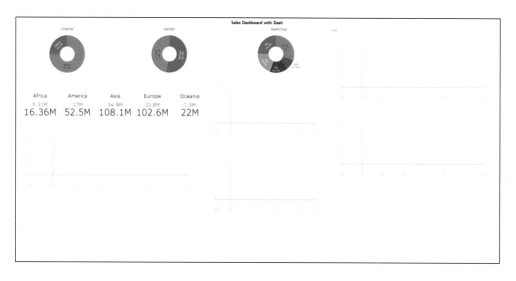

```
1    ########## by Region
2    @app.callback([Output('idc_africa',   'figure'),
3                   Output('idc_america',  'figure'),
4                   Output('idc_asia',     'figure'),
5                   Output('idc_europe',   'figure'),
6                   Output('idc_oceania',  'figure')],
7                  [Input('id_year', 'value')])
8
9    def update_output(val):
10
11       # reg - unique value's
12       reg = df['Region'].unique()
13
14       # data by Region
15       figures = []
16
17       for i in range(len(reg)):
18           df_fig = df[(df['year'] == val) & (df['Region'] == reg[i])]
19           df_fig = round(df_fig.loc[:,['Revenue','Margin']].sum(),1)
20
21           values = df_fig['Revenue']
22           deltas = df_fig['Margin']
23
24           trace = go.Indicator(mode = 'number+delta',
25                                value = values,
26                                number = dict(font_size = 35),   # font size fixed (안하면 반응형으로 크기 제각각)
27                                delta = dict(reference = values - deltas,
28                                             font_size = 20,
29                                             relative = False,
30                                             increasing_color = '#3078b4', increasing_symbol = '',
31                                             decreasing_color = '#d13b40', decreasing_symbol = '',
32                                             position = 'top'),
33                                title = dict(text = reg[i], font_size = 20)
34                                )
35           data = [trace]
36
37           layout = go.Layout(height=310)
38           figure = go.Figure(data, layout)
39           figures.append(figure)
40
41       return figures[0], figures[1], figures[2], figures[3], figures[4]
```

Indicator 차트 또한 대륙 이름이 반복되도록 아래 내용을 참고하여 작성합니다.

1) callback의 output에 리스트 형식으로 대륙별 id(idc_africa, ...)들을 지정
2) 함수를 정의할 때 변수에 들어갈 Region의 고유 값을 reg로 생성
3) figures라는 빈 리스트 만들기 (반복문 실행 전에 생성)
4) for 문으로 총 5번 반복하여 reg의 값을 차례대로 입력받아 데이터 및 차트를 저장시킨 figure를 figures에 리스트 형식으로 넣은 뒤 반복 실행 종료
5) figures에 들어간 Africa, America, Asia, Europe, Oceania를 return 시키기

Indicator 차트를 작성하면서 몇 가지 옵션을 통해 차트를 조정합니다.

첫 번째로 Dash는 기본적으로 반응형이기 때문에 별도로 크기를 고정하지 않는다면 창의 크기에 따라 자동으로 조절됩니다. 각 대륙별 매출 합계가 정수 길이에 맞춰 소수점도 0~2자리로 출력되는데, 이런 경우 글자를 일정한 크기로 고정시키지 않으면 차트의 크기가 달라지게 되고 통일성이 사라집니다. 따라서 go.Indicator 내부의 number, delta, title 값에 font_size를 고정합니다.

두 번째로 delta 값에 대한 수식입니다. Indicator 차트는 일반적으로 해당시점과 이전시점을 비교하기 위한 KPI 차트입니다. 그렇기 때문에 delta에 reference 값을 선언한다면 Indicator는 기본 값인 value를 참조하여 value-reference를 계산하고 delta 값으로 나타냅니다.

여기서는 전월대비가 아닌 Margin 값을 표현하기 위해 데이터를 생성할 때 deltas에 Margin을 선언했으므로, 차트 안에 delta의 reference에 deltas가 아닌 values-deltas로 입력합니다.
· delta = value - reference = values - (values-deltas) = deltas

세 번째로 국가별 Top 10에 대한 Bar 차트입니다.

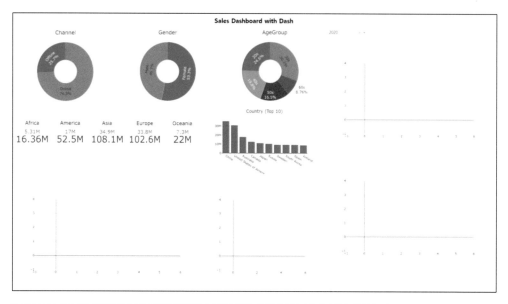

```
1   @app.callback(Output('country', 'figure'), [Input('id_year', 'value')])
2
3   def update_output(val):
4
5       # Sales by Country
6       df_con = df[df['year'] == val]
7       df_con = df_con.loc[:,['Country','Revenue']].groupby(by = ['Country'], as_index = False).sum()
8       df_con = df_con.sort_values(by = ['Revenue'], ascending=False)
9
10
11      # Rank & Top 10
12      df_con['rank'] = list(range(1, len(df_con['Country'])+1))
13      df_con = df_con[df_con['rank'] <= 10].reset_index(drop = True)
14
15
16      # hover_text
17      df_con['text'] = df_con['Country'] + ': ' + ₩
18                       round(df_con['Revenue']/1000000,1).astype(str) + 'M'
19
20      trace = go.Bar(x = df_con['Country'],
21                     y = df_con['Revenue'],
22                     text = df_con['text'],
23                     texttemplate = '%{text}',
24                     hoverinfo = 'text'
25                     )
26
27      data = [trace]
28
29      layout = go.Layout(title = 'Country (Top 10)',
30                         # title_x=0,
31                         title_y=0.8,
32                         height=310
33                         )
34
35      figure = {'data': data, 'layout': layout}
36
37      return figure
```

dcc.Graph(id='country')에 Bar 차트가 나오도록 아래 내용을 참고하여 작성합니다.

1) input(id_year의 선택 값), output(선택 값을 country에 부여)을 callback으로 연결

2) input 값을 val(인자)로 입력받는 update_output 함수 정의(def)

3) Country별 Revenue 합계 데이터 생성 (이 때 id_year의 선택 값을 조건으로 지정)

4) plotly의 go.Bar를 사용하여 Bar 차트 생성 (제2장 chapter 2.1 참고)

5) 차트의 layout에서 title, height 등 세부 값 설정

6) 데이터와 차트를 figure에 저장 후, 함수 결과로 return 시키기

Bar 차트를 만들기 전에 데이터를 가공하고 hover_text를 작성합니다.

만약 df_con['text']라는 변수로 hover_text를 만들지 않으면, 차트 생성 후 막대 위에 마우스 오버 시 소수점이 자동으로 길게 나타납니다.

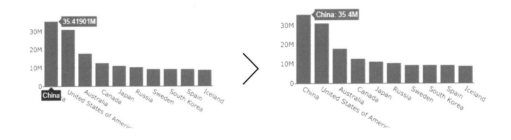

따라서 마우스 오버 시 국가별 이름과 소수점 1자리가 나오도록 텍스트를 먼저 만들고, go.Bar 차트 안에 hover text 옵션으로 지정하면 깔끔한 결과를 얻을 수 있습니다.

네 번째로 연도 및 월별 매출에 대한 Line 차트입니다.

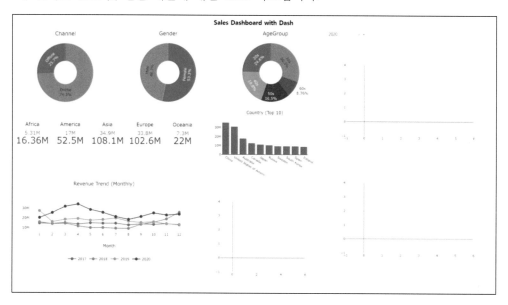

```
1   ### by YearMonth
2   @app.callback(Output('line', 'figure'), [Input('id_year', 'value')])
3
4   def update_output(val):
5
6       traces = []
7       for yr in years:
8
9           df_line = df[df['year'] == yr]
10          df_line = df_line.loc[:,['Revenue','year','month']].groupby(by = ['year','month'], as_index = False).sum()
11
12          # hover_text
13          df_line['text'] = round(df_line['Revenue']/1000000,1).astype(str) + 'M'
14
15          traces.append(go.Scatter(x = df_line['month'],
16                                  y = df_line['Revenue'],
17                                  text = df_line['text'],
18                                  hovertemplate = '%{text}',
19                                  mode = 'lines+markers',
20                                  marker = dict(size = 10),
21                                  name = yr))
22      data = traces
23
24      layout = go.Layout(title = 'Revenue Trend (Monthly)',
25                      # tick0 = 첫 번째 눈금의 배치 설정 (dtick과 함께 사용), dtick = 눈금 사이의 간격 설정
26                      xaxis = dict(title='Month', tickmode='linear', tick0=1, dtick=1, showgrid=False),
27                      legend = dict(orientation="h",      # option= 'v', 'h'
28                                  xanchor="center",        # option= 'auto', 'left', 'center', 'right'
29                                  x=0.5,                   # x= 0(left), 1 (right)
30                                  yanchor="bottom",        # option= 'auto', 'top', 'middle', 'bottom'
31                                  y=-1, #1.1,              # y= 1(top), -1(bottom)
32                                  ),
33                      height=320, margin=dict(l=50, r=10))
34
35      figure = {'data': data, 'layout': layout}
36
37      return figure
```

dcc.Graph(id='line')에 Line 차트가 나오도록 아래 내용을 참고하여 작성합니다.

1) input(id_year의 선택 값), output(선택 값을 line에 부여)을 callback으로 연결

2) input 값을 val(인자)로 입력받는 update_output 함수 정의(def)

3) 연/월별 Revenue 합계 데이터 생성 (이 때 id_year의 선택 값을 조건으로 지정)

4) plotly의 go.Scatter를 사용하여 Line 차트 생성 (제2장 chapter 2.2 참고)

5) 차트의 layout에서 title, height 등 세부 값 설정

6) 데이터와 차트를 figure에 저장 후, 함수 결과로 return 시키기

Line 차트 역시 hover text 옵션을 설정합니다.

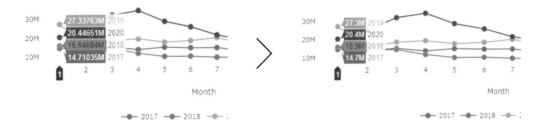

다섯 번째로 연도 및 상품별 매출에 대한 Radar 차트입니다.

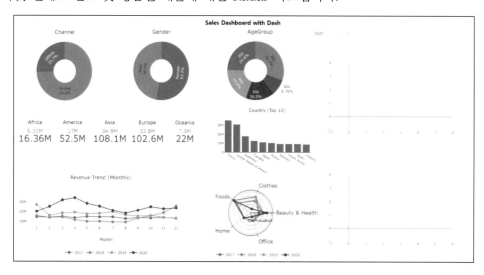

```
1   ### by Year & Category
2   @app.callback(Output('radar', 'figure'), [Input('id_year', 'value')])
3
4   def update_output(val):
5
6       df_rad = df.loc[:,['Category','Revenue','year']].groupby(by = ['year','Category'], as_index=False).sum()
7
8       # Rank by 5 step Range
9       df_rad['Rank'] = 0
10      df_rad.loc[df_rad['Revenue']<10000000, 'Rank'] = 1
11      df_rad.loc[(df_rad['Revenue']>=10000000) & (df_rad['Revenue']<30000000), 'Rank'] = 2
12      df_rad.loc[(df_rad['Revenue']>=30000000) & (df_rad['Revenue']<50000000), 'Rank'] = 3
13      df_rad.loc[(df_rad['Revenue']>=50000000) & (df_rad['Revenue']<70000000), 'Rank'] = 4
14      df_rad.loc[(df_rad['Revenue']>=70000000), 'Rank'] = 5
15
16      # range label - 순위별 범주 생성
17      rad_rg=pd.DataFrame([[0, '0'], [1, '< 10M'], [2, '10-30M'], [3, '30-50M'], [4, '50-70M'], [5, '70M <']])
18      rad_rg.columns = ['Rank', 'Range']
19
20      # Join
21      df_radar = df_rad.merge(rad_rg, on = 'Rank', how = 'left')
22
23      # Graph
24      traces = []
25      for yr in years:
26          dat = df_radar[df_radar['year'] == yr]     # 특정 연도 추출
27          ranks = list(dat['Rank'])                  # 매출 순위 리스트
28          ranks.append(ranks[0])                     # 마지막 연결부 추가
29          thetas = list(dat['Category'])             # 상품 리스트
30          thetas.append(thetas[0])                   # 마지막 연결부 추가
31          rank_R = list(dat['Range'])                # 순위에 따른 범위정보
32          rank_R.append(rank_R[0])                   # 마지막 연결부 추가
33
34          traces.append(go.Scatterpolar(r = ranks,
35                                         theta = thetas,
36                                         name = yr,
37                                         text = rank_R,
38                                         hovertemplate = "Revenue:%{text}"))
39
40      data = traces
41      layout = go.Layout(legend = dict(orientation="h",    # option= 'v', 'h'
42                                       xanchor="center",    # option= 'auto', 'left', 'center', 'right'
43                                       x=0.5,               # x= 0(left), 1 (right)
44                                       yanchor="bottom",    # option= 'auto', 'top', 'middle', 'bottom'
45                                       y=-1                 # y= 1(top), -1(bottom)
46                                       ),
47                         height = 320)
48
49      figure = {'data': data, 'layout': layout}
50
51      return figure
```

dcc.Graph(id='radar')에 Radar 차트가 나오도록 아래 내용을 참고하여 작성합니다.

1) input(id_year의 선택 값), output(선택 값을 line에 부여)을 callback으로 연결
2) input 값을 val(인자)로 입력받는 update_output 함수 정의(def)
3) 상품별 Revenue 합계와 구간별 순위 데이터 생성 (순위의 구간 label 추가)
4) plotly의 go.Scatterpolar를 사용하여 Radar 차트 생성 (제2장 chapter 3.4 참고)
5) 차트의 layout에서 legend, height 등 세부 값 설정
6) 데이터와 차트를 figure에 저장 후, 함수 결과로 return 시키기

제2장 chapter 3.4의 결과는 단순히 상품별 매출 순위를 차트로 보여주기 위한 단계였다면, 이번에는 그것을 조금 더 다듬는 과정이 포함됩니다. 제2장의 결과는 마우스 오버 시 go.Scatterpolar 차트의 r, theta가 레이블로 그대로 표시되고 순위 또한 단순히 숫자 4만 나왔습니다.

데이터를 가공하는 과정에서 순위를 나누기 위한 범위(Range)를 범주화하여 붙여줍니다. 그리고 Radar 차트의 마지막 점 부분을 연결시켜주는 리스트에 범위(Range)를 추가하고, 차트 내부에도 hover text 옵션을 추가하면 아래와 같은 결과가 나타납니다.

이어서 오른쪽 영역에 들어갈 국가별 매출에 대한 Map 차트입니다.

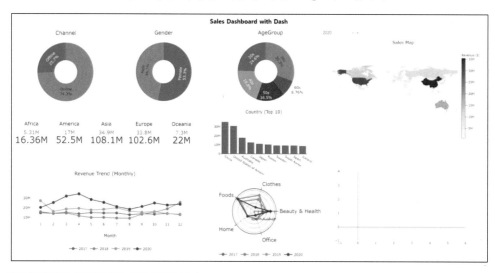

```
1   ### Choropleth Map
2   @app.callback(Output('map', 'figure'), [Input('id_year', 'value')])
3
4   def update_output(val):
5
6       # Code3 by Country
7       df_code = df.loc[:,['Country','Code3']].drop_duplicates()
8
9       # data
10      df_map = df[df['year'] == val]
11      df_map = df_map.loc[:,['Country','Revenue']].groupby(by = ['Country'], as_index = False).sum()
12
13      # Join map & Code3
14      df_m = df_map.merge(df_code, on = 'Country', how = 'left')
15
16      # hover_text
17      df_m['text'] = df_m['Country'] + ' - Total Revenue : ' + ₩
18                     round(df_m['Revenue']/1000000,1).astype(str) + 'M'
19
20      trace = go.Choropleth(
21                  locations = df_m['Code3'],
22                  z = df_m['Revenue'],
23                  text = df_m['text'],
24                  hoverinfo = 'text',            # 입력한 text만 활성화
25                  colorscale = 'Blues',          # color= Greens, Reds, Oranges, ...
26                  autocolorscale=False,
27                  reversescale=False,
28                  marker_line_color='darkgray',
29                  marker_line_width=0.5,
30
31                  # colorbar option = legend bar
32                  colorbar_title = 'Revenue ($)',
33                  colorbar_thickness=15,         # bar 너비 (default=30)
34                  colorbar_len=1,                # bar 길이 (default=1)
35                  colorbar_x=1.01,               # bar x 위치 (default=1.01, -2~3 사이값)
36                  colorbar_ticklen=10            # bar 눈금 선 길이 (default=5)
37                  )
38
39      data = [trace]
40      layout = go.Layout(title = 'Sales Map',
41                      geo = dict(showframe=False,
42                              showcoastlines=False,
43                              projection_type = 'equirectangular'),
44                      height=420, margin=dict(l=50, r=50, b=20, t=50))
45
46      figure = {'data': data, 'layout': layout}
47
48      return figure
```

dcc.Graph(id='map')에 Map 차트가 나오도록 아래 내용을 참고하여 작성합니다.

1) input(id_year의 선택 값), output(선택 값을 line에 부여)을 callback으로 연결

2) input 값을 val(인자)로 입력받는 update_output 함수 정의(def)

3) 국가별 Revenue 합계 데이터 생성 (이 때 id_year의 선택 값을 조건으로 지정)

4) plotly의 go.Choropleth을 사용하여 Map 차트 생성 (제2장 chapter 3.6 참고)

5) 차트의 layout에서 title, geo, height 등 세부 값 설정

6) 데이터와 차트를 figure에 저장 후, 함수 결과로 return 시키기

그래프의 디자인을 위해 Bubble Map 대신 Choropleth Map을 사용하였습니다.

Map 색상과 legend bar 등 전반적인 모양은 개인 기호에 맞게 옵션 값을 변경하여 바꿀 수 있습니다.

마지막으로 대륙·채널·상품별 매출에 대한 Sankey 차트입니다.

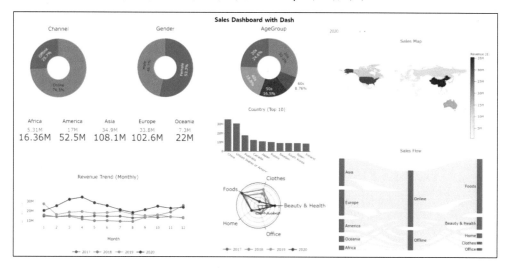

```
1    ### Sankey
2    @app.callback(Output('sankey', 'figure'), [Input('id_year', 'value')])
3
4    def update_output(val):
5
6        # 2020년도 대륙 & 채널 & 상품별 매출 Flow 오름차순 정렬
7        df_san = df[df['year'] == val].iloc[:,[13,4,11,9]]
8        df_san = df_san.sort_values(by = ['Region','Channel','Category'])
9
10       # label
11       l_reg = list(df_san['Region'].unique()) # 5개 (순서 = 0 1 2 3 4)
12       l_cha = list(df_san['Channel'].unique()) # 2개 (순서 = 5 6)
13       l_cat = list(df_san['Category'].unique()) # 5개 (순서 = 7 8 9 10 11)
14       labels = l_reg + l_cha + l_cat # 12개 (순서 = 0 ~ 11)
15
16       # source
17       source1 = list(np.repeat(range(0, len(l_reg)), len(l_cha)))
18       source2 = list(np.repeat(range(len(l_cat), len(l_cat)+len(l_cha)), len(l_cat)))
19       sources = source1 + source2
20
21       # target
22       target1 = list(range(len(l_cat), len(l_cat) + len(l_cha))) * len(l_cat)
23       target2 = list(range(len(l_cha) + len(l_cat), len(l_reg) + len(l_cha) + len(l_cat))) * len(l_cha)
24       targets = target1 + target2
25
26       # value
27       value1 = df_san.groupby(by = ['Region','Channel'], as_index = False).sum()
28       value2 = df_san.groupby(by = ['Channel','Category'], as_index = False).sum()
29       values = list(value1['Revenue']) + list(value2['Revenue'])
30
31       trace = go.Sankey(node = dict(label = labels,
32                                     pad = 15,
33                                     thickness = 20,
34                                     line = dict(color = 'black', width = 0.5),
35                                     color = '#3078b4'),
36                         link = dict(source = sources,
37                                     target = targets,
38                                     value = values,
39                                     color = '#EAEAEA'))
40
41       data = [trace]
42       layout = go.Layout(title = dict(text='Sales Flow', font_size=16),
43                          font_size = 15,
44                          height=420, margin=dict(l=50, r=50, b=20, t=50))
45
46       figure = {'data': data, 'layout': layout}
47
48       return figure
```

dcc.Graph(id='sankey')에 Sankey 차트가 나오도록 아래 내용을 참고하여 작성합니다.

1) input(id_year의 선택 값), output(선택 값을 line에 부여)을 callback으로 연결
2) input 값을 val(인자)로 입력받는 update_output 함수 정의(def)
3) 대륙별, 채널별, 상품별 Revenue 합계 데이터 생성
4) 각 노드별 source, target, value 값 지정
5) plotly의 go.Sankey을 사용하여 Sankey 차트 생성 (제2장 chapter 2.4 참고)
6) 차트의 layout에서 title, font_size, height 등 세부 값 설정
7) 데이터와 차트를 figure에 저장 후, 함수 결과로 return 시키기

Sankey 차트는 제2장 chapter 2.4에 설명되어 있듯이 보여주고자 하는 변수의 범주 항목 개수에 따라 노드에 들어가는 source, target, values의 개수도 달라지기 때문에 구성요소를 자동화하여 코드를 작성하는 게 효율적입니다.

이로써 첫 번째 실습인 매출 현황 대시보드가 완성되었습니다.

3.2. 대시보드2 : COVID-19 & 호흡기 질환 대시보드

두 번째로 COVID-19와 호흡기 질환에 대한 대시보드를 만들어보겠습니다.

이번 대시보드는 매출 현황 대시보드와 같이 화면을 만드는 방법과 데이터 형식에 맞춰 파일을 업로드하면 화면이 생성되는 방법, 이렇게 두 가지 방법으로 다루게 됩니다.

코로나 바이러스 발병 이후 사회적 거리두기, 마스크 착용, 손 씻기 등이 실행되었는데, 이러한 정책으로 호흡기 질환 발생에 영향이 있는지 확인해 볼 수 있습니다. 호흡기 질환 종류는 라디오 버튼(Radio button) 기능으로 선택할 수 있도록 만들 예정입니다.

실습 데이터는 다음과 같으며 GitHub에서 다운로드합니다. (제1장 chapter 3.2 참고)

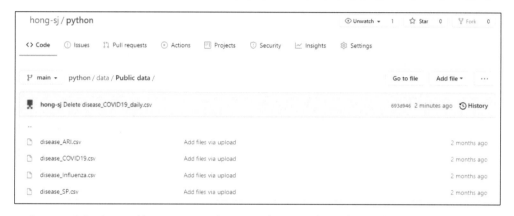

[GitHub] https://github.com/hong-sj/python/tree/main/data/Public data

· disease_COVID19 : 한국 코로나19 확진자 데이터 (2020년, 주별 누적)
· disease_ARI : 급성 호흡기 감염증 발생수 데이터 (2018~2020년, 주별)
· disease_Influenza : 인플루엔자 발생수 데이터 (2018~2020년, 주별)
· disease_SP : 폐렴구균 발생수 데이터 (2018~2020년, 주별)

실습을 위해 필요한 라이브러리는 아래와 같습니다.

```
라이브러리 호출
import pandas as pd                                  # 조작 및 분석 처리
import numpy as np                                   # 행렬 및 배열 처리
import plotly.graph_object as go                     # 인터랙티브 시각화
import plotly.subplots as make_subplots              # 차트 중첩


import dash                                          # 웹 프레임워크 처리
import dash_core_components as dcc
import dash_html_components as html
import dash.dependencies import Input, Output, State


import io                                            # input/output 처리
importrom base64                                     # decoding 처리
```

라이브러리를 호출했으면 실습 데이터를 불러오겠습니다. 먼저 코로나19 데이터를 하나의 데이터프레임으로 불러오고, 다음으로 3개의 호흡기 질환 데이터를 행 결합하여 하나의 데이터프레임으로 불러옵니다. 마지막으로 라디오 버튼(Radio button)에 선택 값으로 들어갈 호흡기 질환명을 생성합니다.

데이터 호출

```
▶  # Local 기준 - 상위 폴더로 이동 후 data 폴더로 이동
   path = '../data/'

▶  # COVID-19 data
   df_cov = pd.read_csv(path + 'Public data/disease_COVID19.csv')

   # Disease data (ARI, Inf, SP)
   df_disease = pd.concat([pd.read_csv(path + 'Public data/disease_ARI.csv'),
                           pd.read_csv(path + 'Public data/disease_Influenza.csv'),
                           pd.read_csv(path + 'Public data/disease_SP.csv')])

▶  # RadioItems value's
   button = ['Acute Respiratory Infection', 'Influenza', 'Streptococcus Pneumoniae']
```

다음으로 대시보드 화면의 전체적인 구성을 잡겠습니다.

상단 중앙에 대시보드의 제목을 위치시키고, 하단 영역은 탭 기능을 사용하겠습니다. 매출 현황 대시보드는 한 화면에서 여러 개의 영역을 분할하여 화면을 만들었는데, 이번 대시보드는 영역을 탭(Tab)으로 나누어 대시보드 화면과 업로드 화면을 번갈아가며 볼 수 있도록 구성하겠습니다.

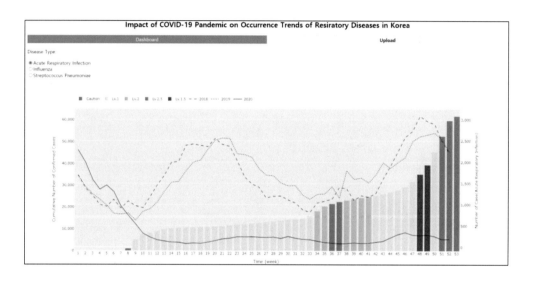

[탭 1 영역]

1. RadioItems : 호흡기 질환 선택

2. Combo(Bar+Line) : 코로나19 누적 확진수, 호흡기 질환 발생수

[탭 2 영역]

1. Upload : 파일 업로드1 (코로나19 데이터), 파일 업로드2 (호흡기 질환 데이터)

2. Combo(Bar+Line) : 코로나19 누적 확진수, 호흡기 질환 발생수

앞에서 대시보드 화면을 설계했으면, 대시보드를 실행시키기 위한 app과 server를 정의하고 해당 app의 화면 구성(Layout)을 만들어보겠습니다.

```python
# App structure
app = dash.Dash(__name__)
app.title = ('Dashboard | COVID-19 & Resiratory Disease Data')
server = app.server

# App layout
app.layout = html.Div([

    # Main Title
    html.H2('Impact of COVID-19 Pandemic on Occurrence Trends of Resiratory Diseases in Korea', style={'textAlign': 'center'}),

    dcc.Tabs([

        # Tab 1
        dcc.Tab(label='Dashboard'),

        # Tab 2
        dcc.Tab(label='Upload')
    ])
])

# Run App
if __name__=='__main__':
    app.run_server(debug=False)
```

화면 구성(Layout)은 아래의 순서대로 구성됩니다.

1) html.Div로 대시보드 새 영역 생성
2) html.H2로 제목(title) 입력
3) 제목 아래 영역을 dcc.Tabs로 영역 생성 후, 그 안에 dcc.Tab으로 탭을 생성
  · Tab1 : Dashboard
  · Tab2 : Upload

코드를 실행시키고 app을 확인하면, 상단에 제목이 위치하고 그 아래 영역이 2개의 탭으로 나뉜 것을 볼 수 있습니다.

첫 번째 Dashboard 탭의 화면 구성(Layout)을 아래와 같이 만들겠습니다.

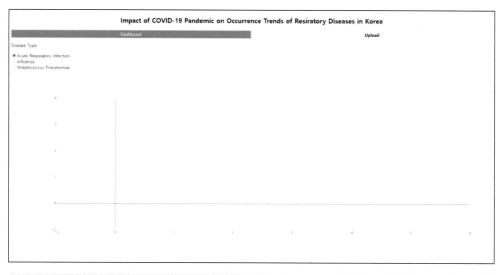

```
1   # App structure
2   app = dash.Dash(__name__)
3   app.title = ('Dashboard | COVID-19 & Resiratory Disease Data')
4   server = app.server
5
6   # App layout
7   app.layout = html.Div([
8
9       # Main Title
10      html.H2('Impact of COVID-19 Pandemic on Occurrence Trends of Resiratory Diseases in Korea', style={'textAlign': 'center'}),
11
12      dcc.Tabs([
13
14          # Tab 1
15          dcc.Tab(label='Dashboard',
16              style={'padding':'3px', 'fontWeight':'bold', 'borderBottom':'1px solid #d6d6d6'},
17              selected_style={'padding':'3px', 'backgroundColor': '#119DFF', 'color': 'white',
18                              'borderBottom':'1px solid #d6d6d6', 'borderTop':'1px solid #d6d6d6'},
19
20              children = [
21                  html.Div([
22                      html.P(children='Disease Type: '),
23                      dcc.RadioItems(id = 'radio',
24                                     options=[{'label': i, 'value': i} for i in button],
25                                     value = 'Acute Respiratory Infection',
26                                     labelStyle={'display': 'block'})
27                      ]),
28
29                  dcc.Graph(id = 'graph', style={'width': '95%', 'height': 650, 'margin-left': 'auto', 'margin-right': 0}),
30                                     # Graph 높이를 layout에서 설정하기. Callback에서 처리하면 Tab 이동시 초기화 될
31
32                  ]),
33
34          # Tab 2
35          dcc.Tab(label='Upload',
36              style={'padding':'3px', 'fontWeight':'bold', 'borderBottom':'1px solid #d6d6d6'},
37              selected_style={'padding':'3px', 'backgroundColor': '#119DFF', 'color': 'white',
38                              'borderBottom':'1px solid #d6d6d6', 'borderTop':'1px solid #d6d6d6'})
39      ])
40  ])
41
42  # Run App
43  if __name__=='__main__':
44      app.run_server(debug=False)
```

Tab 1 안에 라디오 버튼과 차트가 나올 수 있도록 아래 내용을 참고하여 작성합니다.

1) style과 selected_style로 Tab 디자인 꾸미기
2) children 속성으로 html.Div와 dcc.Graph를 리스트로 묶기
3) 탭 내의 영역을 html.Div로 먼저 할당하고, 그 다음으로 그래프 영역을 할당
4) html.P로 라디오 버튼의 title 설정
5) dcc.RadioItems에 버튼 option을 앞에서 만들었던 호흡기 질환명으로 지정

children는 항상 첫 번째 속성이기 때문에 생략할 수 있고, 문자열·숫자·단일 컴포넌트 또는 리스트 컴포넌트를 포함할 수 있습니다. 예를 들어 html.P('Disease Type: ')은 children 속성을 문자열로 포함하는 의미이며, html.P(children = 'Disease Type: ')와 같습니다.

탭 속성의 style은 기본 스타일, selected_style은 선택됐을 때의 스타일입니다. 간단하게 설명하자면 탭 안쪽 여백을 padding(테두리와 내용 사이의 여백)으로 줄여주고, 선택 여부에 따라 배경·글자·border(테두리)의 색상이 변경되도록 하였습니다.

주의할 점으로 탭의 디자인을 꾸밀 때 탭이 여러 개로 구성된다면, style 속성을 모든 탭에 동일하게 설정해줘야 합니다. 만약 Tab 1의 style만 설정하고 Tab 2의 style을 설정하지 않는다면, Tab 1에만 적용되기 때문에 제대로 꾸며지지 않게 됩니다.

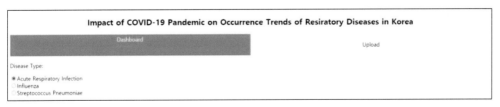

· Tab 1의 안쪽 여백을 padding으로 줄이더라도, Tab 2는 초기 값으로 설정돼 있어서 전체적인 탭의 크기는 그대로 남아 있음

두 번째 Upload 탭의 화면 구성(Layout)을 아래와 같이 만들겠습니다.

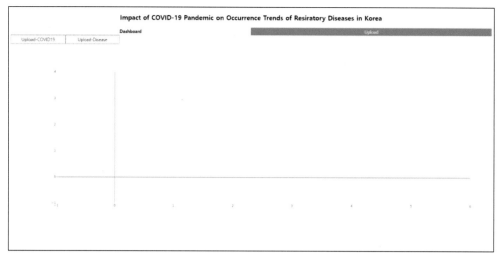

```
34          # Tab 2
35          dcc.Tab(label='Upload',
36                  style={'padding':'3px', 'fontWeight':'bold', 'borderBottom':'1px solid #d6d6d6'},
37                  selected_style={'padding':'3px', 'backgroundColor': '#119DFF', 'color': 'white',
38                                  'borderBottom':'1px solid #d6d6d6', 'borderTop':'1px solid #d6d6d6'},
39
40                  children = [
41                      html.Div([
42
43                          html.Div([dcc.Upload(id='up1',
44                                      children=html.Div('Upload-COVID19'),
45                                      style={'width': '15%', 'height': '30px',
46                                              'lineHeight': '30px', 'borderWidth': '1px',
47                                              'borderStyle': 'dashed', 'borderRadius': '2px',
48                                              'textAlign': 'center', 'float':'left', 'display':'inline-block'})]),
49
50                          html.Div([dcc.Upload(id='up2',
51                                      children=html.Div('Upload-Disease'),
52                                      style={'width': '15%', 'height': '30px',
53                                              'lineHeight': '30px', 'borderWidth': '1px',
54                                              'borderStyle': 'dashed', 'borderRadius': '2px',
55                                              'textAlign': 'center', 'float':'left', 'display':'inline-block'})])
56                          ], style={'width':'75%', 'overflow': 'hidden'}),   # hidden : 영역에 맞춰 나머지는 숨김처리
57
58                          dcc.Graph(id = 'auto', style={'width': '95%', 'height': 650, 'margin-left': 'auto', 'margin-right': 0})
59                                      # Graph 높이를 layout에서 설정하기, Callback에서 처리하면 Tab 이동시 초기화 됨
60
61                      ])
62              ])
63      ])
64
65      # Run App
66      if __name__=='__main__':
67          app.run_server(debug=False)
```

Tab 2 안에 파일 업로드 영역과 차트가 나올 수 있도록 아래 내용을 참고하여 작성합니다.

1) style과 selected_style로 Tab 디자인 꾸미기
2) children 속성으로 2개의 dcc.Upload 요소를 할당한 html.Div와 파일이 업로드되면 생성될 dcc.Graph를 리스트로 묶기
3) dcc.Upload는 파일을 업로드하기 위함이며 첫 번째는 코로나19 데이터, 두 번째는 호흡기 질환 데이터를 할당

Tab 1에서는 데이터를 모두 불러오고 호흡기 질환 종류를 라디오 버튼(Radio button)으로 선택해서 확인하는 반면, Tab 2에서는 코로나19 데이터와 1개의 호흡기 질환 데이터를 업로드해서 보는 방식입니다.

dcc.Upload의 style은 2개의 업로드 영역을 한 줄로 표시 및 크기 조절에 대한 옵션들입니다. 해당 부분은 코드 작성 시 하나씩 추가해가며 어떤 부분이 어떻게 변경되었는지 확인하면 도움이 될 것입니다.

이제 Dashboard 탭에 들어갈 코로나19 누적 확진자 현황 Bar 차트입니다.

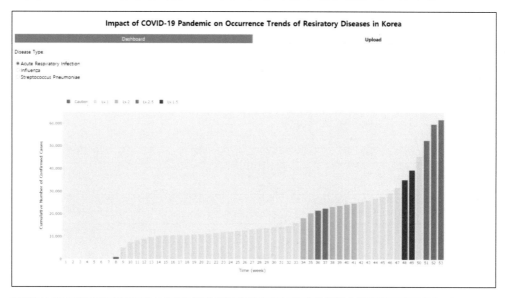

```
1   @app.callback(Output('graph', 'figure'), [Input('radio', 'value')])
2   def update_radio(val):
3
4       # Create figure with secondary y-axis
5       fig = make_subplots(specs=[[{"secondary_y": True}]])
6
7       ########################################################################## Bar Chart
8       dis = df_cov['distance'].unique().tolist()
9       col = ["#4088DA", "#B9DEDF", "#FFB911", "#FC7001", "#E60000"]
10
11      # Loop - Distance
12      for i in range(len(dis)):
13          cov = df_cov[df_cov['distance'] == dis[i]]
14
15          fig.add_trace(go.Bar(x=cov['week'],
16                              y=cov['value'],
17                              text=cov['distance'],
18                              name=dis[i],
19                              hovertemplate='<b>2020</b><br> Week: %{x}<br> Distance: %{text}<br> Confirmed: %{y:,}',
20                              hoverlabel_font_color='rgb(255,255,255)',
21                              textposition='none',
22                              marker_color=col[i]),
23                          secondary_y=False)
24
25      fig.update_layout(go.Layout(xaxis = dict(title = 'Time (week)',
26                              dtick = 1, tickangle = 0),  # dtick : x 간격, tickangle : x label 각도 조절
27                          yaxis = dict(title ='Cumulative Number of Confirmed Cases',
28                              tickformat = ',', showgrid = False),
29                          legend = dict(orientation='h', yanchor='top', y=1.1, traceorder='normal')))
30
31      return fig
```

dcc.Graph(id='graph')에 Bar 차트가 나오도록 아래 내용을 참고하여 작성합니다.

1) input(radio의 선택 값), output(선택 값을 graph에 부여)을 callback으로 연결
2) input 값을 val(인자)로 입력받는 update_radio 함수 정의(def)
3) make_subplots으로 Bar 차트와 Line 차트가 중첩되도록 설정
4) 코로나19 데이터의 사회적 거리두기 단계의 고유 값과 색상 값 저장
5) 사회적 거리두기 단계별로 막대에 컬러를 지정하기 위해 반복 실행
6) go.Bar 코드가 작성되었으면 fig.add_trace 옵션으로 secondary_y=False 지정
7) 차트의 layout에서 axis title, font_size, height 등 세부 값 설정
8) 데이터와 차트가 저장된 fig를 함수 결과로 return 시키기

make_subplots은 한 화면에 여러 개의 차트가 나오도록 해줍니다. 예를 들어 1행 2열로 2개의 차트가 나오게 하고 싶으면 make_subplots(rows=1, cols=2)를 입력합니다. (제2장 chapter 3.2 참고)

이번 대시보드의 Bar 차트는 기본 축, Line 차트는 보조 축 기준으로 그릴 예정이므로, 차트를 그리기 전 make_subplots의 specs에서 secondary_y를 True로 하여 보조 축 사용을 설정합니다.

그리고 fig에 go.Bar 차트를 지정할 때 secondary_y를 False로 하면 go.Bar 차트는 보조 축이 False로 되기 때문에 기본 축으로 설정됩니다. 이와 같은 방법으로 바로 다음에 다룰 go.Line 차트는 secondary_y를 True로 설정합니다.

마지막으로 차트를 return 하는 방법이 다른데, 앞에서는 data와 layout을 작성하고별도의 figure에 직접 저장하고 return하는 방식이었다면, 이번에는 make_subplots을 사용하기 위해 맨 처음 fig를 선언했기 때문에 fig.add_trace와 fig.update_layout을 이용하여 fig에 바로 저장시키고 return 하는 방식으로 진행됩니다.

다음은 Bar 차트 위에 그려질 Line 차트입니다.

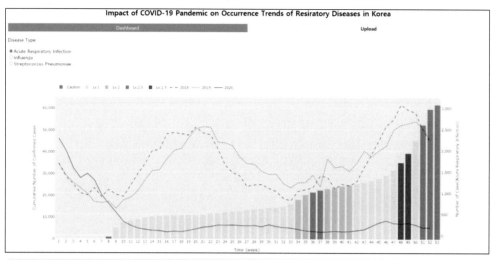

```
1   @app.callback(Output('graph', 'figure'), [Input('radio', 'value')])
2   def update_radio(val):
3
4       # Create figure with secondary y-axis
5       fig = make_subplots(specs=[[{"secondary_y": True}]])
6
7       ################################################################# Bar Chart
8       dis = df_cov['distance'].unique().tolist()
9       col = ["#4088DA", "#B9DEDF", "#FFB911", "#FC7001", "#E60000"]
10
11      # Loop - Distance
12      for i in range(len(dis)):
13          cov = df_cov[df_cov['distance'] == dis[i]]
14
15          fig.add_trace(go.Bar(x=cov['week'],
16                       y=cov['value'],
17                       text=cov['distance'],
18                       name=dis[i],
19                       hovertemplate='<b>2020</b><br> Week: %{x}<br> Distance: %{text}<br> Confirmed: %{y:,}',
20                       hoverlabel_font_color='rgb(255,255,255)',
21                       textposition='none',
22                       marker_color=col[i]),
23                  secondary_y=False)
24
25      fig.update_layout(go.Layout(xaxis = dict(title = 'Time (week)',
26                            dtick = 1, tickangle = 0),  # dtick : x 간격, tickangle : x label 각도 조절
27                       yaxis = dict(title ='Cumulative Number of Confirmed Cases',
28                            tickformat = ',', showgrid = False),
29                       legend = dict(orientation='h', yanchor='top', y=1.1, traceorder='normal')))
30
31      ################################################################# Line Chart
32      yr = df_disease['year'].unique().tolist()
33      line = ['dash', 'dot' ,'solid']
34
35      for i in range(len(yr)):
36          df = df_disease[(df_disease['disease'] == val) & (df_disease['year'] == yr[i])]
37
38          fig.add_trace(go.Scatter(x=df['week'],
39                       y=df['value'],
40                       text=df['year'],
41                       name=yr[i],
42                       hovertemplate='<b>%{text}</b><br> Week: %{x} <br> Patient: %{y:,}',
43                       mode="lines",
44                       line={'dash': line[i], 'color':'black', 'width':1}),
45                  secondary_y=True)
46
47      # 보조축 title
48      fig.update_yaxes(title_text='Number of Case('+ val +')', tickformat = ',', secondary_y=True)
49
50      return fig
```

dcc.Graph(id='graph')에 Bar 차트 위에 Line 차트가 겹쳐서 나오도록 아래 내용을 참고하여 작성합니다.

1) 앞의 Bar 차트 코드에서 마지막 "return fig" 삭제 후 이어서 Line 차트 코드 작성
2) 호흡기 질환 데이터의 연도 고유 값과 라인 타입(선 종류) 저장
3) 하나의 dataframe으로 결합된 호흡기 질환 데이터에서, input으로 입력 받은 것을 조건으로 질환 데이터를 추출함과 동시에 연도 또한 조건으로 하여 반복 실행
4) 각 연도별 특정 질환 데이터를 go.Scatter로 Line 차트를 만들고 라인 타입으로 저장한 dash(--), dot(…), solid(—) 이 순서대로 지정되도록 설정
5) go.Scatter 코드가 작성되었으면 fig.add_trace 옵션으로 secondary_y=True 지정
6) 보조축의 title 입력
7) 데이터와 차트가 저장된 fig를 함수 결과로 return 시키기

Line 차트를 작성할 때, 앞서 작성했던 Bar 차트 코드의 맨 마지막에 "return fig"를 삭제해줘야 합니다. 해당 코드를 삭제하지 않는다면, "return fig"를 기점으로 해당 fig는 차트를 추가하더라도 적용되지 않습니다.

그리고 fig에 go.Line 차트를 작성 후 secondary_y를 True로 입력해서 보조 축으로 설정합니다.

Upload 탭에 들어갈 Bar 차트입니다. 코로나19 데이터를 업로드합니다.

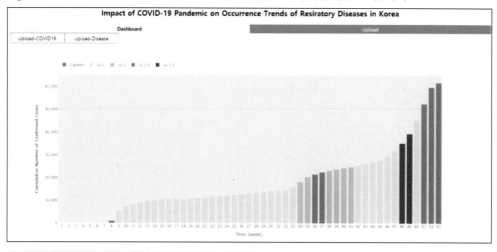

```
1   def process_content(contents):
2       type,data  = contents.split(',')
3       decoded = base64.b64decode(data)
4       return decoded
5
6   ############################################################################# Bar Chart
7   @app.callback(Output('auto', 'figure'),
8               [Input('up1','contents'), Input('up2','contents')])
9   def update_files(content1, content2):
10
11      # Create figure with secondary y-axis
12      fig = make_subplots(specs=[[{"secondary_y": True}]])
13
14      ### Upload Data 처리 - 코로나19 데이터 ##############
15      data1 = process_content(content1)
16      up_cov = pd.read_csv(io.StringIO(data1.decode('utf-8')))
17      ##############################################
18
19      # Settings
20      dis = up_cov['distance'].unique().tolist()
21      col = ["#4088DA", "#B9DEDF", "#FFB911", "#FC7001", "#E60000"]
22
23      # Loop - Distance
24      for i in range(len(dis)):
25          cov = up_cov[up_cov['distance'] == dis[i]]
26
27          fig.add_trace(go.Bar(x=cov['week'],
28                               y=cov['value'],
29                               text=cov['distance'],
30                               name=dis[i],
31                               hovertemplate='<b>2020</b><br> Week: %{x}<br> Distance: %{text}<br> Confirmed: %{y:,}',
32                               hoverlabel_font_color='rgb(255,255,255)',
33                               textposition='none',
34                               marker_color=col[i]),
35                         secondary_y=False)
36
37      fig.update_layout(go.Layout(xaxis = dict(title = 'Time (week)',
38                                  dtick = 1, tickangle = 0),  # dtick : x 간격, tickangle : x label 각도 조절
39                                  yaxis = dict(title ='Cumulative Number of Confirmed Cases',
40                                      tickformat = ',', showgrid = False),
41                                  legend = dict(orientation='h', yanchor='top', y=1.1, traceorder='normal')))
42
43      return fig
```

· 데이터 업로드는 업로드 영역에 마우스를 이용하여 Drag & Drop 으로 파일을 직접 가져다 놓거나, 업로드 영역을 클릭하고 파일을 선택해서 업로드할 수 있습니다.

dcc.Graph(id='auto')에 코로나19 데이터 파일을 업로드하면 Bar 차트가 나오도록 아래 내용을 참고하여 작성합니다.

1) contents 함수로 업로드 데이터를 인코딩 처리하고, base64 함수로 다시 디코딩 처리해서 반환하는 process_content 함수 정의(def)
2) 업로드 파일이 2개이므로 callback의 input에 리스트 형식으로 up1, up2를 지정
3) input 값 2개를 각 contents로 입력받는 update_files 함수 정의(def)
4) process_content 함수를 사용하여 입력받는 인자인 content1을 지정하여 최종적으로 디코딩된 문자열을 전달받고, 문자열을 파일 형식으로 읽은 뒤 데이터 불러오기
5) 나머지는 앞의 Bar 차트 만드는 코드를 그대로 입력

process_content로 정의한 함수를 설명하겠습니다. contents 함수는 업로드된 데이터를 base64 인코딩 문자열로 변경시켜줍니다. base64는 binary data(text file, images, zip files, excel spread sheet, etc)를 문자 코드에 영향을 받지 않는 공통 ASCII 코드로만 이루어진 문자열로 바꾸는 인코딩 방식입니다. 그리고 base64decode 함수는 base64로 인코딩된 문자열을 다시 디코딩해주는 함수입니다. (인코딩 ↔ 디코딩)

· python   →   Encoding 변환 결과: cHl0aG9u
· cHl0aG9u →   Decoding 변환 결과: python

실제로 코로나19 데이터 파일을 업로드하면 아래와 같이 comma(,)를 구분자로 하여 base64라는 타입과 인코딩된 데이터 문자열로 나옵니다.

Drag and Drop or Select Files

data:application/vnd.ms-excel;base64,eWVhcix3ZWVrLHZhbHVlLGRpc2Vhc2UsZGlzdGFuY2UNCjIwMjAsMSwwLENPVklELELTE5LENhdXRpb24NCjIwMjAsMiwwLE

인코딩된 문자열을 다시 디코딩하여 원래 문자열로 바꾼 뒤, io.StringIO 함수로 문자열을 파일 형식으로 변경하여 read_csv로 데이터를 불러오게 됩니다.

마지막으로 Upload 탭의 Line 차트입니다. 호흡기 질환 데이터를 업로드합니다.

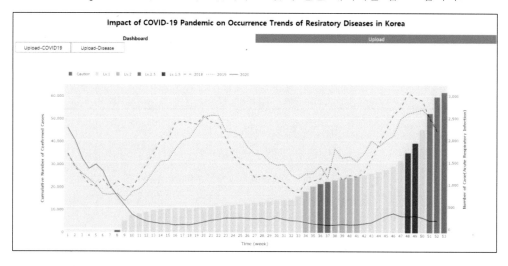

```
############################################################### Line Chart
if content2 != None:
    ### Upload Data 처리 - 호흡기 질환 데이터 ###############
    data2 = process_content(content2)
    up_dis = pd.read_csv(io.StringIO(data2.decode('utf-8')))
    ###############################################

    # Settings
    yr = up_dis['year'].unique().tolist()
    dis_nm = up_dis['disease'].unique().tolist()[0]
    line = ['dash', 'dot' ,'solid']

    for i in range(len(yr)):
        df = up_dis[up_dis['year'] == yr[i]]

        fig.add_trace(go.Scatter(x=df['week'],
                                 y=df['value'],
                                 text=df['year'],
                                 name=yr[i],
                                 hovertemplate='<b>%{text}</b><br> Week: %{x} <br> Patient: %{y:,}',
                                 mode="lines",
                                 line={'dash': line[i], 'color':'black', 'width':1}),
                      secondary_y=True)

    # 보조축 title
    fig.update_yaxes(title_text='Number of Case('+ dis_nm +')', tickformat = ',', secondary_y=True)

return fig
```

· 앞의 Bar 차트 코드 아래에 이어서 작성

dcc.Graph(id='auto')에 호흡기 질환 데이터 파일을 업로드하면 Bar 차트 위에 Line 차트가 겹쳐서 나오도록 아래 내용을 참고하여 작성합니다.

1) 앞의 Bar 차트 코드에서 마지막 "return fig" 삭제 후 이어서 Line 차트 코드 작성
2) 코드 작성 시 "if content2 != None:" 을 조건으로 걸기
3) process_content 함수를 사용하여 두 번째로 입력받는 인자인 content2을 지정하여 최종적으로 디코딩된 문자열을 전달받고, 문자열을 파일 형식으로 읽은 뒤 데이터 불러오기
4) 나머지는 앞의 Line 차트 만드는 코드를 그대로 입력

Tab 1에서 작성했을 때와 마찬가지로 Line 차트를 작성할 때, 앞서 작성했던 Bar 차트 코드의 맨 마지막에 "return fig"를 삭제합니다.

if 조건문에 대해 설명하겠습니다. update_files 함수는 **content1(코로나19 데이터)**, **content2(호흡기 질환 데이터)** 이렇게 2개의 인자를 받으면 차트를 반환하도록 작성되었습니다. 따라서 2개의 인자를 모두 입력을 받아야 최종적으로 차트가 그려집니다. 다시 말해 2개 파일을 모두 업로드해야만 차트가 생성되는데, 코로나19 데이터를 하나만 업로드해도 Bar 차트가 먼저 나오도록 하기 위해 조건문을 사용했습니다.

두 번째 인자인 content2가 None이면 그대로 fig를 반환하고, 만약 content2가 None이 아니라면 Line 차트가 나오는 조건이 "if content2 != None:" 이며, 해당 조건문으로 코로나19 데이터만 업로드해도 Bar 차트가 생성되고 추가로 호흡기 질환 데이터를 업로드하면 Line 차트가 생성됩니다.

이렇게 특정 format에 맞는 데이터를 사전에 정의하고 해당 format에 맞는 데이터가 업로드 될 때 차트가 나오도록 코드를 작성한다면, 앞서 얘기했던 플랫폼 형식으로 사용할 수 있습니다.

완성된 대시보드에서 COVID-19 Pandemic으로 인한 호흡기 질환 중 급성 호흡기 감염증(ARI)의 현황을 파악해보면, 2018~2019년도 대비 2020년도에 급격히 감소한 것을 확인할 수 있습니다. 전년도 대비 2020년도 8주 차까지는 감소하는 추세가 유사하지만, COVID-19이 급격히 유행하기 시작한 3월부터는 호흡기 질환의 감염자 수가 대폭 감소한 뒤 유지되었습니다.

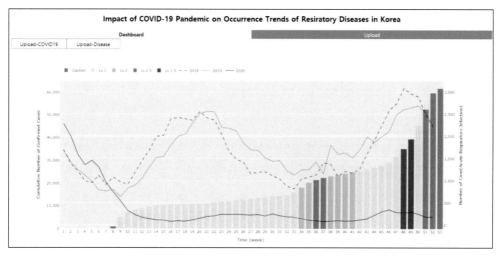

COVID-19 감염을 예방하기 위한 정부 정책에 따라 사회적 거리두기, 마스크 착용, 손씻기 등이 실행되었고, 이러한 예방 조치로 인해 다른 많은 호흡기 질환의 예방에도 도움이 된 것으로 유추할 수 있습니다.

이로써 대시보드 개발이 완료되었습니다.

다음 장에서는 실습을 통해 개발한 대시보드를 실제로 웹에 배포하고 다른 사용자들이 볼 수 있도록 설정하는 방법을 다루겠습니다.

제 4 장. Dashboard 배포하기

앞 장에서 개발한 대시보드를 무료로 배포할 수 있습니다. 순서의 이해를 위해 제1장에서의 도식화를 다시 확인해보면, GitHub와 Heroku를 서로 연결하는 과정이 있습니다. 이 과정들을 차례대로 설정하고 나면 무료로 웹 대시보드를 배포할 수 있고, 누구나 접속할 수 있습니다.

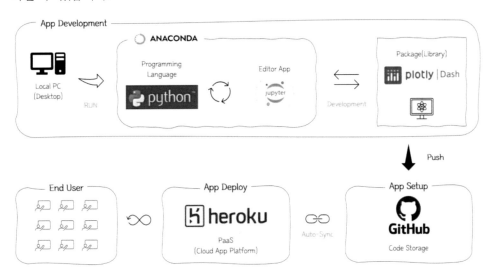

순서를 요약하면 다음과 같습니다.
  1) GitHub 가입 & Desktop 버전 설치
  2) Heroku 가입 & GitHub 연결
  3) 개발한 파이썬 대시보드 배포용 파일 준비
  4) Git을 통해 웹 대시보드 배포하기

회원가입, 환경설정, 파일 준비 등은 처음 해보는 것이라 생소할 수 있지만, 한 번 해본다면 그 다음부터는 어렵지 않게 실행할 수 있습니다.

1. GitHub

깃허브 (GitHub)란 '분산 버전 관리 툴인 깃 (Git)을 사용하는 프로젝트를 지원하는 웹 호스팅 서비스'이며, '영리적인 서비스와 오픈소스를 위한 무상 서비스를 모두 제공한다'고 소개되고 있습니다. 주로 개발자들이 소프트웨어의 버전 관리 및 공유와 협업을 위해 사용하는 웹호스팅 플랫폼으로 이해하면 됩니다.

깃허브의 사용법을 자세히 알면 활용도가 높지만, 필수적인 기능만 알아도 웹 대시보드를 배포하는 것은 어렵지 않습니다. 필수적인 기능이란 Repository (온라인 저장소), Commit (일종의 업데이트할 내용 기록), Local (로컬 저장소 = 개인 PC), Remote (온라인 연결)입니다. 사람들마다 용어를 이해하고 사용하는 의미가 다를 수 있지만, 깃허브를 처음 접하는 사람들이 쉽게 이해할 수 있는 개념으로 설명하였습니다.

깃허브의 역할을 요약하면 다음과 같습니다.

  1) 파일을 관리할 원격 저장소 (Repository) 생성 및 관리 → 온라인 깃허브

  2) 원격 저장소를 개인 PC (Local)에 복사 (Clone) → 깃허브 데스크탑

  3) 개인 PC에서 변경할 내용들을 기록 (Commit)하여 원격 저장소에 업로드 (Push)

  4) 또는 원격 저장소에 새로운 기록 (Commit)을 다운로드 (Pull)

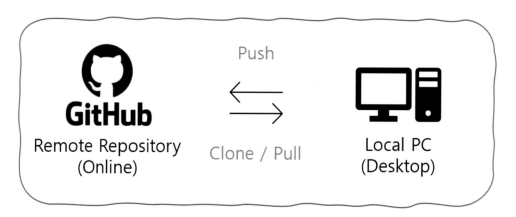

정리하면, 온라인 저장소를 생성하여 파일을 관리하는데 개인 PC와 연결할 수 있고, 양방향으로 다운로드와 업로드하여 파일 관리나 변경 내용을 업데이트할 수 있습니다.

1.1. GitHub 가입과 Repository 관리

GitHub 원격 저장소를 사용하기 위해 계정을 생성해야 하는데, GitHub 홈페이지에 접속하고 'Sign up'을 클릭하여 회원가입을 진행해줍니다. 기존에 가입하여 계정을 생성하였다면 해당 계정을 사용하면 됩니다.

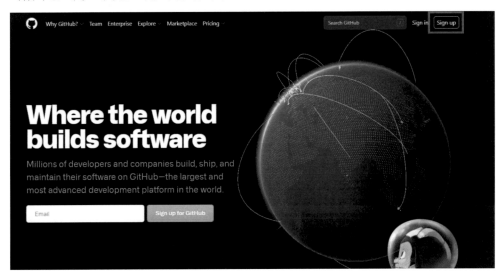

· (URL)　https://github.com/

회원가입에 필요한 항목은 이름, 메일, 비밀번호 3가지입니다. 여기서 메일 주소가 GitHub의 계정으로 사용이 됩니다. 회원가입을 완료한 뒤 생성한 계정에 로그인을 해주면 다음과 같이 'Overview' 화면이 먼저 나오고, 계정 현황을 확인할 수 있습니다.

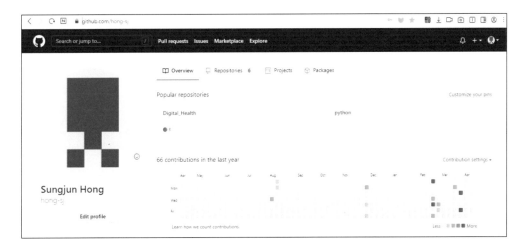

Repository 관리하는 방법은 일반 PC에서 폴더를 관리하는 것과 유사합니다. 새로운 저장소를 생성하고 싶은 경우, 아래와 같이 메인 화면에서 'Repositories → New'를 클릭하거나 우측 상단의 '+ 아이콘 → New repository'를 클릭합니다.

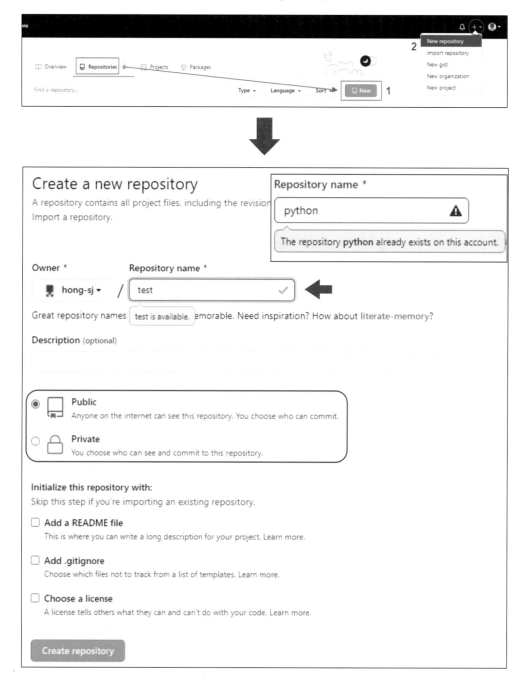

Repository 생성 단계로 넘어가면 앞 장의 화면이 나옵니다. Repository name에 생성할 저장소 이름을 입력해주면, 중복성 체크 후에 사용이 가능하다면 초록색 V가 표시됩니다. 만약 기존에 생성한 저장소와 동일한 이름을 사용할 경우, 빨간색 경고로 표시되며 생성이 불가합니다.

일단 저장소 이름이 사용 가능으로 통과된다면, 맨 하단의 'Create repository'가 활성화되면서 생성할 수 있게 됩니다. 그리고 Repository는 다음과 같이 **Public과 Private, 2가지 유형**으로 생성할 수 있습니다. (열람 권한 설정)

1) Public
Public은 공개 저장소로, 공용으로 누구나 접근할 수 있는 유형입니다. 작성한 내용과 코드를 공유할 수 있습니다.

2) Private
Private은 비공개 저장소로, 본인 또는 권한을 부여한 팀원만 접근할 수 있는 유형입니다. 개인이 사용할 경우에만 무료이고, 팀 단위로 사용할 경우에는 유료로 전환됩니다.

Public ↔ Private 으로의 변환도 가능합니다. 이 기능을 확인하기 위해 Public 유형으로 'test'라는 저장소를 생성했습니다. 'Add a README file'의 체크 유무에 따라 다음과 같이 저장소의 구성이 달라집니다. 일반적으로는 README 파일을 생성해주고, 해당 저장소에 대한 내용을 작성해줍니다.

〈 README 미체크 〉　　　　〈 README 체크 〉

Public에서 Private 유형으로 변환하기 위해 'Settings'를 클릭합니다. Settings에서는 저장소에 관한 환경설정이 가능합니다.

저장소의 이름 변경부터 열람 권한 및 삭제까지 모두 가능합니다. 스크롤을 내려서 맨 아래로 이동해줍니다.

맨 하단부에 다음과 같이 'Danger Zone'이 존재하고, 이 영역에서 저장소의 유형 변경과 삭제가 가능합니다. 맨 처음의 'Change visibility'를 클릭하면 팝업창에 Public, Private 선택 옵션이 나오고, 변환할 유형을 체크한 뒤에 **계정/저장소**를 입력해줍니다. 올바르게 입력해주면 맨 아래 버튼이 활성화되고 클릭하면 변경됩니다.

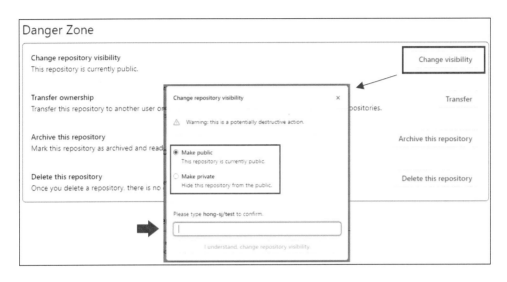

변경이 완료되면 저장소 이름 옆에 'Private' 표시가 생깁니다. 이 기능을 소개한 이유는 **플랫폼 개발을 위한 대시보드를 개발한 경우에 사용**해야 하기 때문입니다. 개발한 코드를 저장소에 Commit하고 웹으로 배포하는 과정이 필요하고 Public으로 저장소를 생성하는 경우 모든 코드가 공개되는데, 이를 방지하기 위한 목적으로 사용합니다.

1.2. GitHub Desktop 버전 설치

Local PC에서의 간편한 관리를 위해 Desktop 버전의 GitHub를 설치해줍니다. 아래의
웹페이지에 접속하여 'Download for Windows (64bit)'를 클릭하여 설치 프로그램을
다운로드하고 설치를 진행해줍니다.

· (URL) https://desktop.github.com/

다운로드한 설치 파일을 실행하여 활성화된 부분을 클릭하고 로그인을 진행해줍니다.

생성한 계정을 입력해주고, 아래의 'Finish'를 클릭하여 완료해줍니다.

설정이 완료되면 시작 화면이 나옵니다. 좌측 부분에서는 저장소를 생성하거나 복제해 올 수 있는 기능들이 있고, 우측 부분에는 GitHub에서 생성해 둔 저장소들의 목록을 확인할 수 있습니다. ('File'에서 저장소 관리 기능 사용 가능)

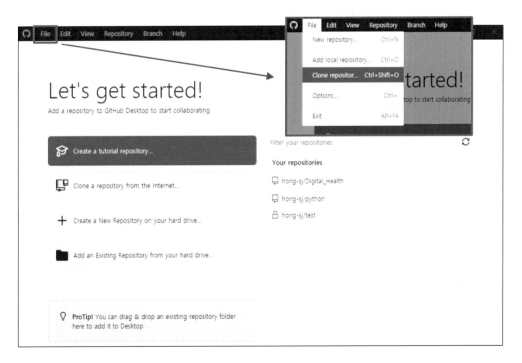

1.3. Git 설치

앞에서 소개한 것처럼 GitHub는 **분산 버전 관리 툴인 깃 (Git)**을 쉽게 사용하고 관리하기 위한 프로그램입니다. 실질적으로 Git의 명령어를 사용해주기 위해 Git 설치를 진행해줍니다. 지금까지의 환경과 동일하게 '**Windows (64bit)**'로 설치해줍니다. 홈페이지 메인의 Download를 클릭하면 기본적으로 64bit 설치 파일이 다운로드 됩니다.

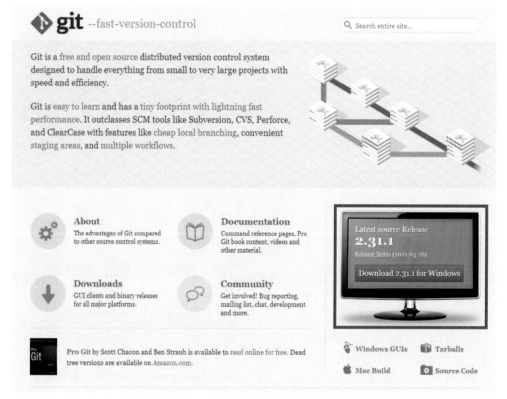

· (URL) https://git-scm.com/

다운로드한 설치 파일을 실행하여 기본 설정값으로 설치하여 줍니다. 설치가 완료되면 GUI, CMD, Bash의 실행 아이콘이 생기는데, 이 책에서는 '**Git CMD**'를 **사용**합니다.

기본적인 Git의 명령어는 다음과 같습니다.

명령어	내 용
git clone	저장소 복제 (Online → Desktop 다운로드)
git init	저장소 선언
git add	Commit하기 위한 파일 추가 (선택)
git commit	파일 기록 (내용 업데이트)
git push	원격 저장소에 업로드 (Desktop → Online 업로드)
git pull	업데이트된 Commit 다운로드 (Online → Desktop 다운로드)

Git CMD를 통해서 위의 명령어들을 사용하여 관리할 수도 있지만, 관리하는 것은 앞에서 설치한 GitHub Desktop이 훨씬 간편합니다.

이 책에서 **Git의 용도는** 개발한 대시보드를 배포하는 과정에서, 무료 배포 기능을 제공하는 **특정 웹페이지(다음으로 설명할 Heroku)와 저장소를 연결**하는 역할입니다. 자세한 내용은 배포하는 과정에서 설명합니다.

2. Heroku

Heroku는 Cloud Application Platform(클라우드 앱 플랫폼)으로, 앱을 배포하고 실행하기 위한 서비스형 플랫폼입니다. 개발한 앱(웹 대시보드)을 누구나 접속할 수 있도록 인터넷에 배포해주기 위해 사용합니다.

· (URL) https://www.heroku.com/home

Heroku의 기본적인 내용을 요약하면 다음과 같습니다.

· 회원가입은 무료이고, 유료로 전환 가능

· 무료 버전의 경우 일부 제약이 존재

   1) 30분 동안 방문이 없을 경우 sleep(비활성화) 되고, 누구든 재방문을 하는 경우 다시 작동하지만 초기에 10~30초 정도의 시간 소요

   2) 한 계정에 월 550시간의 무료 할당량 제공 → Credit Card 등록 시 1,000시간 부여 (만약 1,000시간을 넘어 사용하는 경우, 정해진 요금 규정에 따라 결제)

· Git(GitHub)을 통해 저장소의 파일을 이용하여 앱 배포 (Deploy)

회원가입을 하면 기본 550시간을 무료로 사용할 수 있고, 해외 결제가 되는 카드를 등록하면 추가 과금없이 무료 사용 시간이 1,000시간으로 늘어납니다. 사람들이 웹에 접속하여 활성화되는 만큼의 시간이 사용되며, sleep되는 경우에는 사용 시간이 차감되지 않습니다.

Heroku에서의 클라우드 기반은 다이노스(dynos)라 부르며, 의미는 '가상화 리눅스 컨테이너'입니다. 무료로 제공되는 성능은 512MB의 RAM을 제공하며, 유료의 경우 요금제에 따라 제공되는 클라우드 성능이 달라집니다.

Amazon Web Services (AWS), Microsoft Azure, Google Cloud 등 클라우드 서비스 플랫폼은 많이 있지만, 각 플랫폼마다 적용 방법, 요금, 확장성, 제공하는 기능에 차이가 있습니다. 다른 것들과 비교해서 Heroku는 개발한 앱을 배포하기에 진입 장벽이 낮고 확장성도 넓어서, 처음 시작하는 경우 사용하기에 적절한 서비스입니다.

2.1. Heroku 가입과 설정

1) Heroku 회원가입

Heroku 홈페이지에 접속하여 우측의 'Sign Up'을 클릭하여 회원가입을 진행해줍니다. 필수 기입 항목들 (이름, 이메일, 사용 언어 등)을 입력하고 가입을 완료한 뒤, 로그인을 해주면 계정 화면이 나옵니다.

계정은 'Personal'로 개인 계정이고, 기존에 생성했었던 앱 2개가 목록에 표시되어 있습니다. (처음 로그인 하는 경우, 목록 없이 빈 화면 출력)

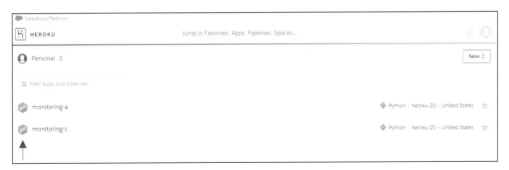

자세히 보면 목록의 앱 이름 옆에 보라색 육각형 아이콘이 있는데, sleep되어 있음을 나타내는 표시입니다. 배포한 앱 주소로 접속하는 경우, 약간의 시간이 지난 뒤에 다시 활성화되며 정상적으로 접속이 됩니다.

2) 카드 등록 (무료 시간 추가 할당) - 선택 사항

기본 무료 사용 시간을 1,000시간으로 늘리기 위해서 'VISA' 또는 'MasterCard'와 같이 해외 결제가 되는 카드를 등록해줍니다. 카드를 등록한다고 해서 추가적으로 결제가 되지는 않고, 무료 사용 시간을 초과하여 사용한 경우에 대해서 추가 요금이 부과됩니다. 1,000시간까지 필요가 없고 기본 사용 시간인 550시간으로 충분하다면, 굳이 카드 등록을 하지 않아도 상관없습니다.

카드 등록을 위해 우측의 계정 아이콘을 클릭하여 'Account settings'에 들어갑니다.

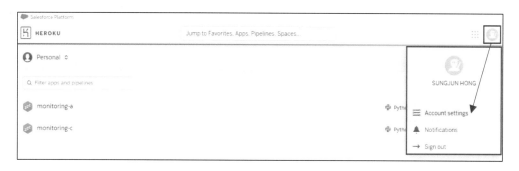

Manage Account 화면으로 넘어와서 'Billing' 탭을 클릭해주면, 결제 정보, 무료 사용 시간, 송장, 송장 주소에 대한 내용을 확인할 수 있습니다. 중간에 credit card를 추가하면 450시간을 추가로 받을 수 있다는 내용과 기본 무료 사용 시간인 '550.00 free dyno hours'를 확인할 수 있습니다.

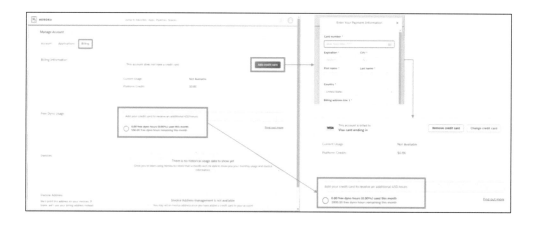

카드 등록은 'Add credit card'를 클릭하여 카드 정보를 입력하면 되고, 정상적으로 등록이 되면 '550.00 free'에서 '1000.00 free'로 바뀐 것을 확인할 수 있습니다. 등록한 카드는 언제든지 삭제하거나 변경할 수 있습니다.

배포한 앱을 24시간 활성화를 시킨다면 최대 31일 기준으로 744시간이 필요하고, 무료 제공 시간인 1,000시간으로 충분히 활용할 수 있습니다. 아래 그림처럼 배포한 앱별로 사용한 시간들과 무료 시간 중 남은 시간도 표시해주기 때문에 관리하기 수월합니다.

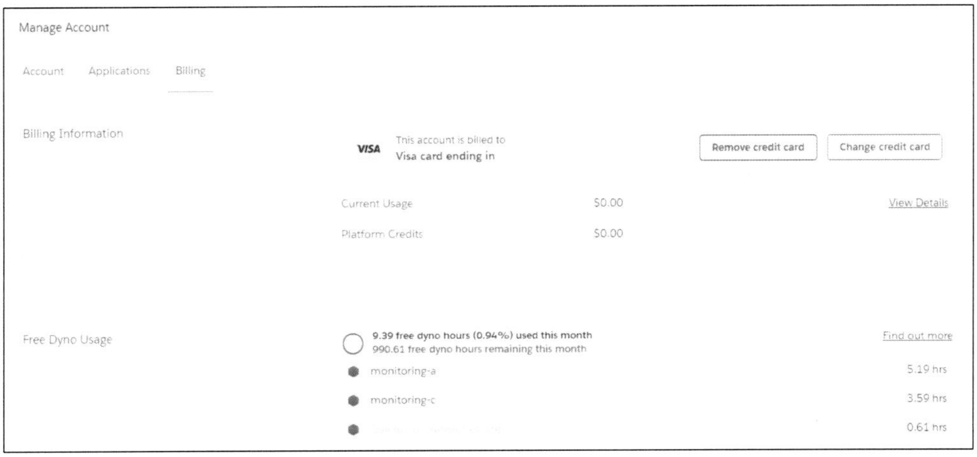

무료 시간을 초과하여 사용하는 경우, 초당 과금으로 청구가 진행됩니다.

2.2. Heroku App 생성과 GitHub 연결

다음으로 Heroku app을 생성하는 방법을 설명하겠습니다. 생성한 Heroku app은 개발한 대시보드 코드가 있는 GitHub 저장소와 연결해 줌으로써, 접속 가능한 웹으로 배포할 수 있습니다.

1) Heroku App 생성

계정 메인 화면에서 우측의 'New' → 'Create new app'을 클릭하고, 앱 이름과 지역을 선택하여 앱을 생성해줍니다.

주의할 점으로는 다른 사람이 생성한 이름을 포함하여, 기존에 존재하는 이름은 사용할 수가 없습니다. 예를 들어, 'covid19'라는 이름을 입력하면 이미 누군가 사용한 이름이고, 빨간색으로 표기되며 사용할 수 없다는 문구가 표시됩니다.

[이름 생성 규칙]

· 이름 시작: 문자
· 이름 종료: 문자 또는 숫자
· 이름 구성: 소문자, 숫자, dash (-)

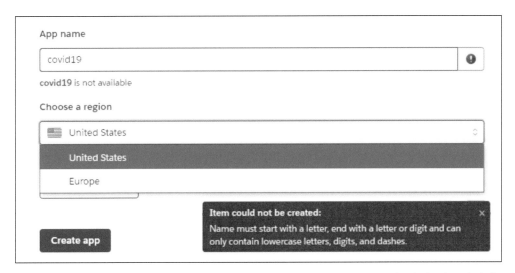

region의 경우 무료로 이용하는 것이기 때문에, 미국(기본)과 유럽만 선택 가능합니다. 어느 지역을 사용하든 큰 차이는 없습니다. 단지, 지역을 다른 곳으로 선택하고 싶은 경우, 유료 결제하여 권한을 확장해야 합니다.

아래처럼 'dashapp-sales' (region: United States)라는 앱을 생성하였습니다. 앱을 배포하기 위한 설정은 'Deploy' 탭에서 관리할 수 있고, **앱 이름이 향후 브라우저 접속 주소로 사용**됩니다. (접속 주소: https://dashapp-sales.herokuapp.com)

2) Heroku App과 GitHub 연결

생성한 Heroku App과 GitHub의 저장소를 연결해보도록 하겠습니다. 먼저 GitHub에 'Dash_Sales'라는 이름의 저장소를 생성하였습니다. 이 저장소는 제3장에서 실습한 매출 대시보드를 배포하기 위해 사용됩니다.

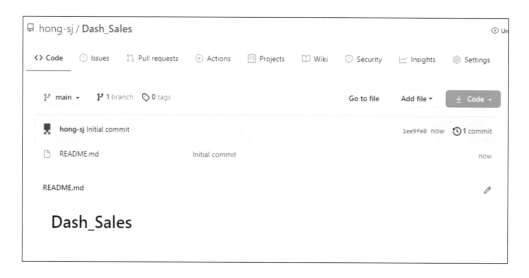

앞에서 생성한 Heroku App의 Deploy 탭에서 GitHub 저장소인 'Dash_Sales'를 연결해보도록 하겠습니다. Heroku App 중간에 위치한 '**Deployment method**'에서 GitHub를 클릭해주면, 아래에 '**Connect to GitHub**'가 나옵니다. 해당 버튼을 클릭하여 GitHub 계정을 로그인하여 연동시켜 줍니다.

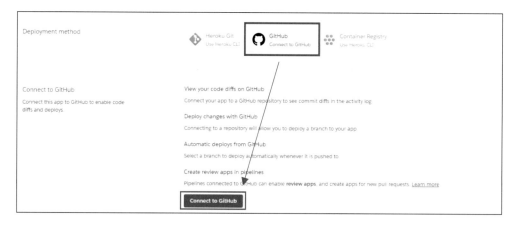

정상적으로 연결이 된 경우, GitHub 계정이 자동으로 잡히고 옆의 검색창에 저장소 이름을 검색할 수 있습니다. 또는 'Search'를 클릭하면 아래에 GitHub에 있는 저장소 목록이 생성되고, **연결할 저장소에 'Connect'를 클릭**합니다.

연결이 완료되면 GitHub 아래에 초록색 'Connected'와 체크 표시가 생깁니다. 그리고 아래에 연결된 GitHub 저장소도 확인할 수 있고, 클릭하면 해당 저장소로 이동됩니다. 만약 연결을 잘못한 경우, 'Disconnect'를 클릭하여 연결을 끊어주면 됩니다.

이렇게 GitHub 계정 연동은 완료되었고, **배포된 앱을 관리하는 방식**에 대해서 간략히 소개하겠습니다. 이 내용은 'Web Dashboard 배포하기'를 완료한 다음에 해당하는 부분으로, 적용하는 방법은 제4장 chapter 4에서 다시 설명합니다.

배포한 앱을 관리하는 방식은 2가지로, 'Automatic deploys', 'Manual deploy'입니다. 차이점은 **GitHub 저장소의 변경 사항을 반영해주는 기능을 자동 또는 수동**으로 할지의 선택입니다.

· **Automatic** : GitHub 저장소의 변경 사항을 **자동으로 업데이트**하여 배포
· **Manual** : GitHub 저장소의 변경 사항을 **수동으로 업데이트**하여 배포

· (URL) https://devcenter.heroku.com/articles/github-integration#manual-deploys

Heroku Deploy 화면에서 GitHub 계정 연결 바로 아래 부분을 보면, 각 기능에 맞추어 배포하는 영역이 분할되어 있습니다. 앱 배포가 완료된 다음, 각 기능에 해당하는 부분에 활성화되어 있는 버튼을 클릭하면 설정이 완료됩니다.

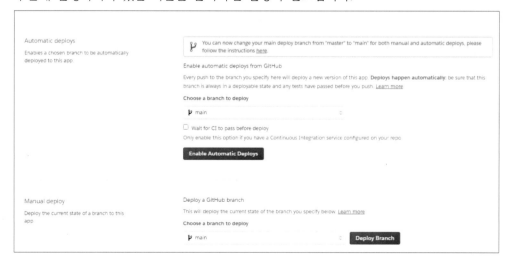

각 설정의 차이를 예를 들어 설명하면,

1) Automatic

GitHub 저장소에 변경할 내용을 반영해준 뒤, 새롭게 배포하는 과정 없이 자동으로 업데이트하는 방식입니다. 예를 들어, 대시보드 구현에 필요한 데이터 파일을 업데이트하는 경우, 자동으로 업데이트된 파일을 사용합니다. **연결된 GitHub 저장소에 실시간으로 연동되어 자동으로 업데이트 사항을 반영**해준다고 생각하면 됩니다.

2) Manual

GitHub 저장소에 변경할 내용을 반영해준 뒤, 새롭게 배포하는 과정을 수동으로 해주어 업데이트하는 방식입니다. 예를 들어, 데이터 파일을 업데이트하는 경우, 자동으로 반영되지 않으므로 새롭게 앱을 배포해주어야 합니다. **연결된 GitHub 저장소를 앱을 배포하는 당시의 환경을 그대로 가져와 저장하여 사용**한다고 생각하면 됩니다.

이 책에서는 1) Automatic 방법을 사용하고, 제4장 chapter 4에서 기능을 설정하는 방법을 다시 설명합니다.

여기까지 Heroku App과 GitHub 계정을 연결하는 방법, 그리고 앱을 관리하는 방법에 대해 설명하였습니다. 이후 단계는 Git에서 명령어 (Command)를 통해 설정합니다.

2.3. Heroku CLI 설치

개인 PC에서 Git을 통해 Heroku를 사용하기 위해선 특정 프로그램 설치가 필요합니다. Heroku CLI (Command Line Interface)는 Git에서 Heroku 명령어 (Command)를 사용하기 위한 프로그램입니다. Heroku 명령어란 'heroku'로 시작하는 명령어를 의미합니다.

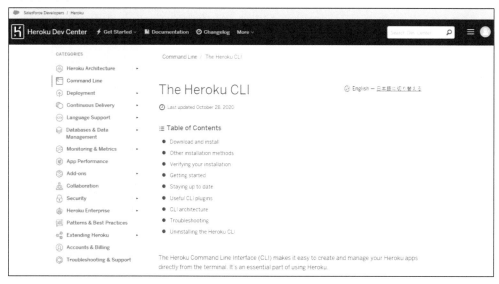

· (URL) https://devcenter.heroku.com/articles/heroku-cli

홈페이지에 접속하면 설치 프로그램을 다운받는 부분이 있습니다. **Heroku CLI 사용을 위해선 Git이 필수로 설치**되어 있어야 한다고 명시되어 있습니다. 설치가 안 된 사용자를 위해, Git을 설치할 수 있는 링크도 제공하고 있습니다. 앞에서 Git을 설치했기 때문에 OS 환경에 맞추어 다운받아 줍니다.

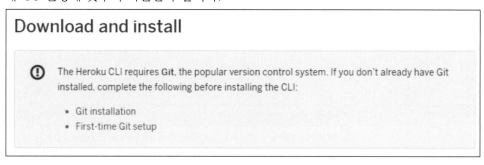

macOS, Windows, Ubuntu 환경을 모두 제공하는데, 'Windows (64bit)'용을 다운받아
설치를 완료해줍니다.

설치가 완료되면 Git에서 Heroku 명령어가 잘 작동하는지 확인해줍니다. 설치했던
'Git CMD'를 실행시켜주고, 'heroku login' 명령어를 실행시켜줍니다.

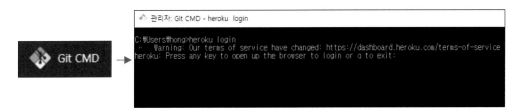

실행이 되면서 Heroku에 로그인을 하려는 경우엔 아무 키나 누르고, 종료하려는 경우
엔 q를 누르라는 안내가 나옵니다. 아무 키나 누르면 인터넷 창이 켜지면서 Heroku
로그인 화면이 나오고, 'Log In'을 클릭하여 'Logged In'으로 바뀌면 정상적으로 설치가
완료된 상태입니다.

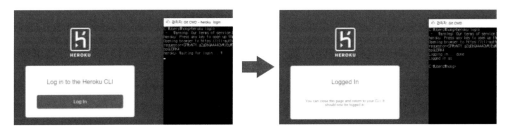

Git에서 사용할 Heroku 명령어는 다음과 같습니다. 명령어의 자세한 의미나 더 많은 명령어에 대해선 다루지 않고, 구현에 필요한 수준의 명령어만 정리하였습니다.

Heroku 명령어	내 용
heroku login	Heroku 계정 로그인
heroku logout	Heroku 계정 로그아웃
heroku config	Heroku 저장소의 환경변수 확인
heroku logs	Heroku 콘솔 log 확인 (오류 확인 & 디버깅 용도)
heroku main	Heroku에 개발 앱 구현 (Code 업로드 및 실행)
heroku ps:scale web=1	Heroku App 배포 서비스 시작
heroku ps:scale web=0	Heroku App 배포 서비스 중지

GitHub 가입 및 설치부터 Heroku 연동까지 배포에 필요한 환경설정은 모두 완료되었습니다. 다음 장에서는 앱을 배포하기에 앞서서, 배포에 필요한 파일들에 대해 설명합니다.

3. Web Dashboard 배포준비

앞에서 구축한 환경설정을 이용하기 위해선, 실제 앱으로 배포할 파일 준비가 필요합니다. 필요한 파일은 'app.py', 'Procfile', 'requirements.txt', 'runtime.txt', 'data'로 총 5개입니다.

구성은 구현할 코드 파일, 실행을 위한 프로그램과 라이브러리 버전에 대한 설정, 구현에 사용할 데이터 파일입니다.

1) app.py

배포 과정에서 구현할 코드로, 3장에서 작성한 파이썬 코드(.py)입니다. 파일은 저장하는 방법은 다음과 같습니다.

· File → Download as → Python (.py) 클릭하여 app.py로 저장

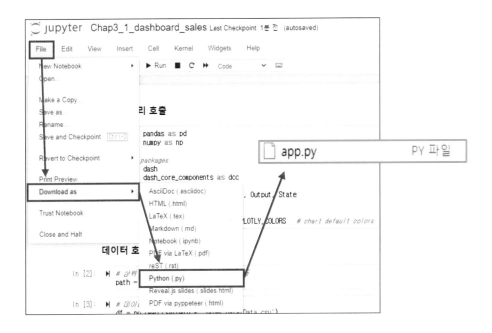

2) Procfile

앱 배포 과정에서 파이썬 코드(app.py)를 해석할 수 있도록 호환시켜주는 역할을 해주는 프로그램인 'gunicorn' 사용 설정에 대한 파일입니다.

먼저 주피터 노트북에서 다음의 코드를 실행하여 gunicorn을 설치해줍니다.

(코드) !pip install gunicorn

```
!pip install gunicorn

Collecting gunicorn
  Downloading gunicorn-20.1.0.tar.gz (370 kB)
Requirement already satisfied: setuptools>=3.0 in c:\users\hong\anaconda3\lib\site-packages (from gunicorn) (50.3.1.post20201107)
Building wheels for collected packages: gunicorn
  Building wheel for gunicorn (setup.py): started
  Building wheel for gunicorn (setup.py): finished with status 'done'
  Created wheel for gunicorn: filename=gunicorn-20.1.0-py3-none-any.whl size=78924 sha256=01ace50e0936977ba91446c12c4e32af1c7f5994658
3fbfc098807477e892753
  Stored in directory: c:\users\hong\appdata\local\pip\cache\wheels\21\4b\32\9be8daf8a4d73da26e4dba66c47c9b4b7d838a6b372981a3ed
Successfully built gunicorn
Installing collected packages: gunicorn
Successfully installed gunicorn-20.1.0
```

설치가 성공적으로 완료된 것을 확인할 수 있고, 설치된 버전은 20.1.0입니다.

다음으로 메모장을 실행시키고 다음의 내용을 입력해준 뒤, **확장자 없이 형식은 '모든 파일'로 저장**시켜줍니다.

(내용) web: gunicorn app:server

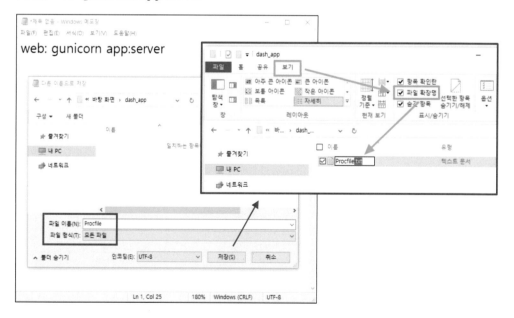

만약 파일이 '.txt' 형식으로 저장되는 경우, **'.txt' 확장자명을 삭제한 후 저장**하면 됩니다.

· 폴더 → 보기 → '파일 확장명' 체크 → 파일 확장명 변경 ('.txt' 삭제 후 저장)
· 파일 유형 → '텍스트 문서'에서 '파일'로 변경 확인

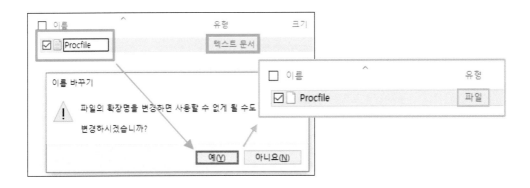

※ **참고.** 앱 파일을 다른 이름으로 저장
이런 경우엔, 파이썬 파일 이름과 Procfile 내의 이름을 일치시켜주면 됩니다.

· App 이름 → Chap3_1_dashboard_sales.py
· Procfile 내용 → web: gunicorn Chap3_1_dashboard_sales:server

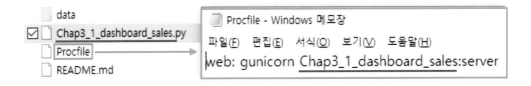

3) requirements.txt

파이썬 코드를 구현하는 과정에서 필요한 라이브러리 버전을 설정해주는 파일입니다. 주피터 노트북에서 다음의 코드를 실행하면 설치된 모든 버전을 확인할 수 있습니다.

(코드) !pip freeze

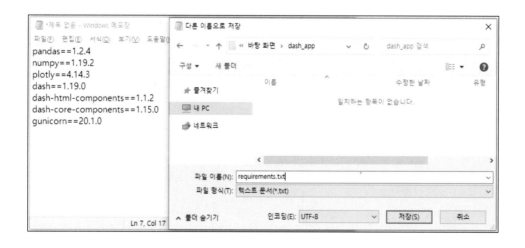

설치되어 있는 모든 라이브러리의 버전을 확인할 수 있는 코드입니다. 사용했던 라이브러리 (pandas, numpy, plotly, dash 등)에 대한 버전을 메모장에 저장해줍니다.

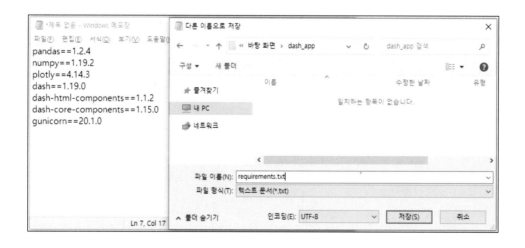

4) runtime.txt

실행할 파이썬 버전을 설정해주는 파일입니다. 메모장을 실행시키고 다음의 내용을 입력해 준 뒤, 텍스트(.txt) 파일로 저장시켜줍니다. 파이썬 버전에 맞추어 작성해주면 되는데, 만약 버전이 3.7.10이라면 다음처럼 작성해주면 됩니다. (철자는 모두 소문자)

(내용) python-3.7.10

5) data (데이터 파일)

마지막으로 앱 구현에 필요한 데이터 파일을 준비해주는데, 실습에 사용했던 파일을 저장해줍니다. 만약 데이터 파일에 대한 폴더 이름 및 위치 변경을 해주는 경우, 파이썬 코드 파일에서 디렉토리 (경로)에 대한 부분을 수정해주어야 합니다.

아래처럼 총 5가지 유형의 파일을 준비했다면, 배포 준비는 모두 끝났습니다.

이름	유형	크기
data	파일 폴더	
app.py	PY 파일	24KB
Procfile	파일	1KB
requirements.txt	텍스트 문서	1KB
runtime.txt	텍스트 문서	1KB

4. Web Dashboard 배포하기

웹 대시보드를 배포하기 위한 모든 준비가 완료되었고, 다음으로 실제 배포를 해보겠습니다.

순서를 요약하면 다음과 같습니다.

→ 온라인 깃허브 저장소를 clone하여 개인 PC에 연결 (저장소 다운로드)

→ 저장소에 준비한 파일 이동 후, push하여 온라인 깃허브에 업로드 (업데이트)

→ Git CMD에서 일부 코드를 실행하여 Heroku에 앱 배포

1) 저장소 clone 및 준비 파일 업로드

앞에서 설명했던 내용대로 생성해두었던 깃허브 저장소를 clone하여 개인 PC에 다운로드합니다. 다음과 같이 깃허브 데스크탑을 이용하면 간편하게 저장소를 내려받을 수 있고, 지정한 경로에 폴더가 생성됩니다.

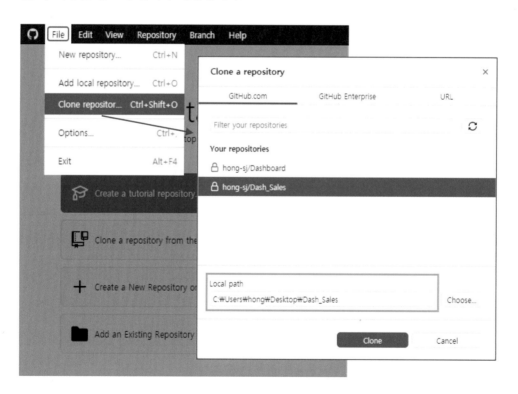

저장소를 Cloning한다는 내용과 게이지가 나타나며, 완료가 되면 저장소 이름으로 폴더가 생성됩니다. 생성된 폴더에 준비했던 파일 5개를 복사해줍니다.

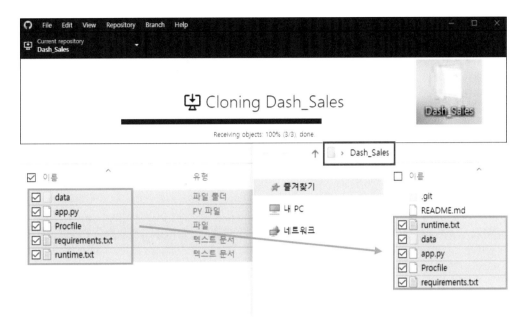

깃허브 데스크탑을 확인해보면 파일들이 추가되어 있고, 옆에 내용도 확인이 가능합니다. 왼쪽 하단 Summary 입력란에 내용을 입력하고, 'Commit to main'을 클릭합니다.

그 다음 아래의 화면으로 넘어가는데, 오른쪽 중간에 활성화된 'Push origin' 파란색 버튼을 클릭하여 온라인 깃허브에 업로드(업데이트)를 해줍니다.

· Push origin → Pushing to origin (개인 PC에서 온라인 저장소에 내용 반영)

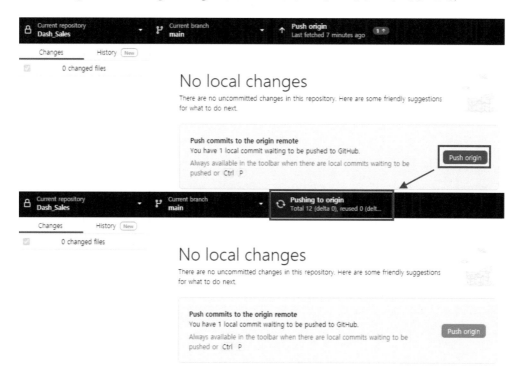

깃허브에 접속해보면, 내용들이 모두 업로드된 것을 확인할 수 있습니다.

2) Git CMD를 통해 앱 배포하기

앞에서 설명한 것처럼 깃허브 저장소는 Heroku에서 생성한 앱에 연결이 되어있어야 합니다.

Git CMD에서 실행할 코드와 내용과 순서는 다음과 같습니다. 먼저 Heroku 계정에 로그인을 해준 뒤, 개인 PC의 저장소 경로로 이동합니다. 그 다음 Heroku App에 해당 저장소를 원격으로 지정해 준 뒤, 깃을 push하여 App을 구현해줍니다. 마지막으로 구현된 App에 접속할 수 있도록 배포해주면 모든 과정이 완료됩니다.

명령어 순서	내 용
heroku login	깃에서 Heroku 계정 로그인
cd directory	깃허브 저장소 경로 입력
heroku git:remote -a app	Heroku App에 저장소를 원격으로 지정
git push heroku main	깃을 push하여 Heroku App 구현
heroku ps:scale web=1	Heroku App 배포 서비스 시작
heroku open	배포된 Heroku App으로 이동

Git CMD를 열고 heroku login을 **입력**하고 아무 키나 눌러서 브라우저가 활성화되면서 'Log In'이 나오고, **클릭하여 로그인**을 해주면 됩니다.

(코드) heroku login

다음으로 표에 정리했던 코드를 순서대로 입력해주면 '깃허브 저장소 이동' → 'Heroku에 저장소 원격 지정' → 'Heroku App에 대시보드 구현' → '구현된 대시보드 앱 배포 시작'이 진행됩니다.

(코드) cd desktop/dash_sales   : 바탕화면의 Dash_Sales 폴더로 이동

(코드) heroku git:remote -a dashapp-sales   : Heroku App(dashapp-sales)에 연결

(코드) git push heroku main   : App에 대시보드 구현

(코드) heroku ps:scale web=1   : App 배포 시작

(코드) heroku open   : App 열기 (브라우저 접속)

아래처럼 Heroku와 깃허브 저장소를 원격으로 설정했다는 문구와, push를 통해 앱이 Build되는 것을 확인할 수 있습니다. runtime.txt에서 지정한 파이썬 버전(3.7.10)과, requirements.txt에서 지정한 패키지 버전들에 맞추어 설치되는 것도 확인할 수 있습니다.

중간 부분에 https://dashapp-sales.herokuapp.com/으로 개발된 것이 보이고, 개발된 앱은 'now running web' 문구를 통해 웹으로 배포된 것도 확인할 수 있습니다.

Heroku 앱 이름이 웹 주소가 되고, 해당 주소로 접속하면 3장에서 개발했던 Sales 대시보드가 정상적으로 구현됩니다. **이 이후부터는 누구나 웹 주소로 접속할 수 있게 되고, PC와 모바일 등 온라인이 가능한 모든 기기에서 접속 가능**합니다.

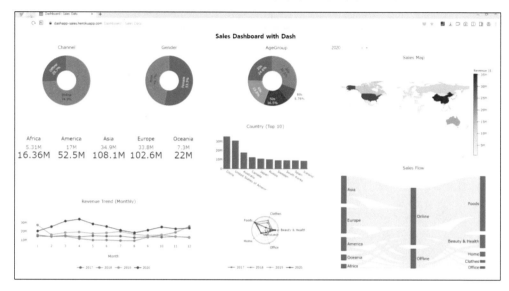

1장에서 파이썬 버전 호환에 대해 설명한 것처럼 **'runtime.txt'에 지정한 파이썬 버전으로 앱이 개발**이 됩니다. 가장 최신 버전이 아닌 경우는 업그레이드하는 것을 고려하라는 문구와 함께, 최신 버전에 근접한 버전이면 앱 개발이 가능합니다. (Anaconda로 기본 설치되는 3.8.5버전은 호환되지 않고 에러 발생)

제4장 chapter 2.2에서 설명한 내용으로, 앱을 배포한 다음 저장소의 변경 사항을 자동적으로 반영하여 배포해주는 'Automatic deploys' – 'Enable Automatic Deploys'를 클릭해주면 모든 설정이 완료됩니다.

이 방법은 **선택 사항으로 필수는 아니지만, 배포된 앱 관리에 있어서 편리함을 제공**해줍니다. 예를 들어, 미세먼지에 대해 월 별로 모니터링하는 대시보드 앱을 배포한다면 매월 새로운 관측 데이터를 업로드하여 재배포하는 과정이 필요합니다. 이럴 경우, 'Automatic deploys' 설정을 해놓고 깃허브에 데이터만 업로드한다면, Heroku에서 자동으로 앱을 배포해주기 때문에 편리하게 관리할 수 있습니다.

5. 자동 모니터링 설정

Heroku의 무료 버전의 제한점인 sleep(비활성화)을 방지해 줄 수 있는 내용으로 필수는 아니지만, 비활성화되지 않고 24시간 내내 활성화되어 있도록 설정해주는 내용입니다. 이를 위해 'UptimeRobot'이라는 웹페이지의 서비스를 이용합니다.

Free Website Monitoring의 서비스를 제공하는데, 해당 서비스를 이용하여 설정한 시간에 맞추어 주기적으로 접속을 해줍니다.

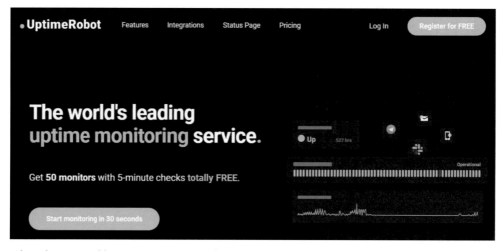

· (URL) https://uptimerobot.com/

위와 같은 서비스를 제공하는 웹페이지들은 다양하게 있지만, 각 서비스 플랫폼마다 장단점이 있습니다. 이 'UptimeRobot'은 처음 접하고 사용하기에 간편하여 해당 서비스를 소개합니다.

무료 버전의 경우 다음과 같은 기능을 제공합니다.

· 50개의 URL 모니터링 가능

· 최소 5분 간격으로 접속 가능 (1분 간격 기능은 유료 버전)

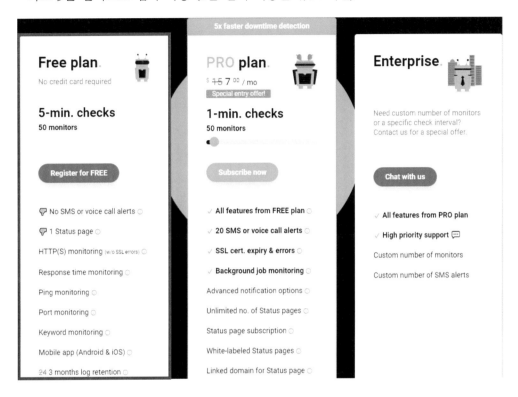

사용하는 방법을 요약하면 다음과 같습니다.

　1) UptimeRobot 회원가입

　2) 접속할 링크 등록 (모니터링 기록 확인 가능)

　3) 모니터링이 필요가 없을 경우, 설정 해제

5.1. UptimeRobot 가입

서비스를 이용하기 위해 메일 주소를 입력하여 무료 회원가입을 진행합니다. 'Register now'를 클릭하면 인증 메일이 옵니다.

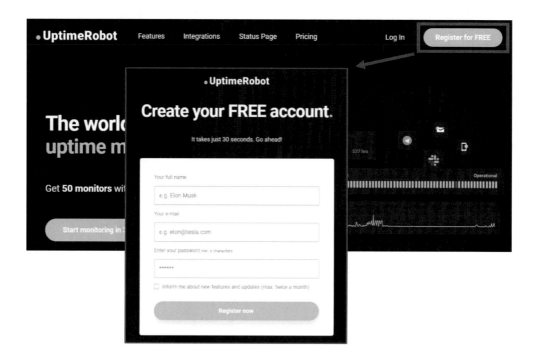

인증 메일 내용에 'clicking here'를 클릭하여 계정 확인 및 활성화를 진행해줍니다.

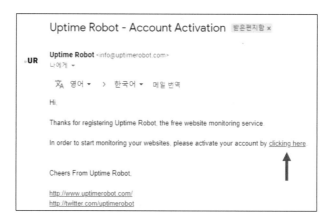

로그인을 해주면 다음과 같은 화면이 나오는데, 왼쪽 빨간색 부분에 접속 링크를 등록하는 버튼(+ Add New Monitor)이 있습니다. 해당 버튼을 통해 자동으로 접속할 URL을 등록해준다면, 아래의 빈 화면에 등록된 리스트들이 나열됩니다.

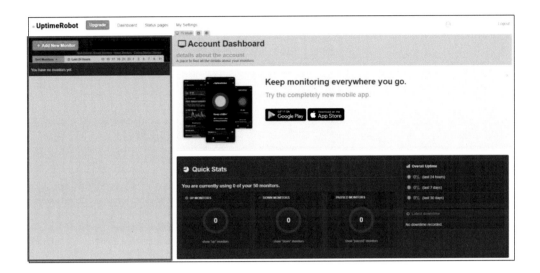

우측 화면에는 'Account Dashboard'과 'Quick Stats'이 나오는데, 등록한 URL에 대한 상태를 확인할 수 있습니다. 아직 등록한 모니터링이 없기 때문에 화면에는 나오지 않지만, 등록이 되면 등록된 웹페이지의 자동 접속 시작 시간과 그 이후 접속한 기록 등 Log 기록이 남아 접속 상태를 확인할 수 있습니다.

5.2. 배포된 Dashboard 시간 설정

활성화되어 있는 초록색 버튼(+ Add New Monitor)을 클릭하여 링크 등록을 진행합니다. 순서는 다음과 같습니다.

   1) Add New Monitor 클릭

   2) Monitor Type – HTTP(s) 클릭

   3) Friendly Name, URL, Monitoring Interval 설정

   4) Create Monitor 클릭

Friendly Name은 등록할 링크의 이름, URL은 접속할 웹 주소(배포한 대시보드 주소 입력), Monitoring Interval은 접속 주기로 5분 ~ 24시간 내로 설정이 가능합니다.

'Create Monitor'를 클릭하여 설정을 완료하면 다음과 같이 'Monitor created!'라는 문구와 함께, 좌측에 Friendly Name으로 입력한 'Sales Dashboard'가 생성된 것을 확인할 수 있습니다.

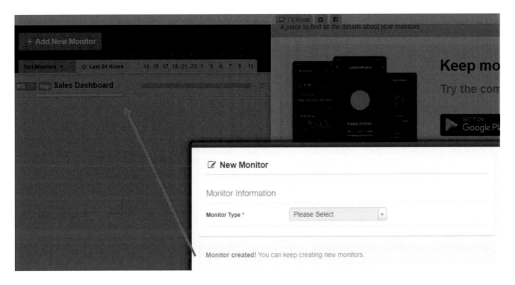

우측 하단에는 서비스가 시작된 시간과 접속 상태 등을 확인할 수 있는 Log가 기록됩니다.

그리고 Friendly Name 옆의 작은 사슬 모양을 클릭하면, 등록했던 URL 주소로 이동할 수 있습니다.

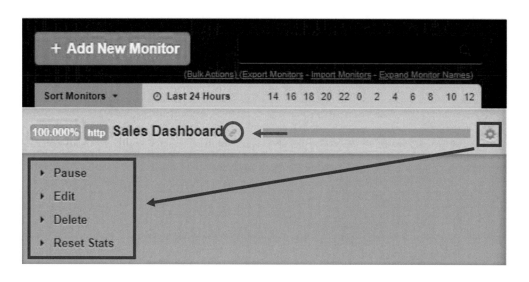

다음으로 우측의 톱니바퀴 모양을 클릭하면 Pause, Edit, Delete, Reset Stats의 총 4가지 환경설정 옵션이 나타납니다. 'Pause'를 클릭하면 'Start'로 변경되며, 아래 화면처럼 서비스가 일시 정지가 됩니다. 다시 'Start'를 클릭하면 'Pause'로 변경되며, 서비스가 재시작 됩니다.

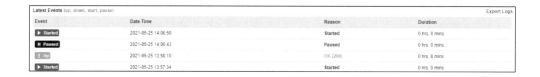

'Edit'을 클릭하여 설정을 변경할 수도 있고, 'Delete'를 클릭하여 등록한 설정을 해제할 수도 있습니다.

5.3. 설정 해제

등록된 모니터링 설정을 해제하는 방법은 앞서 설명했듯이, 톱니바퀴 모양을 클릭하여 'Delete'를 통해 해제할 수 있습니다.

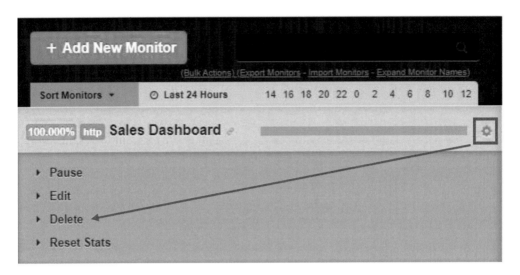

'Delete'를 클릭하면 다음의 팝업창이 활성화되는데, 우측 아래의 'Delete Monitor'를 클릭하면 등록했던 설정이 해제됩니다.

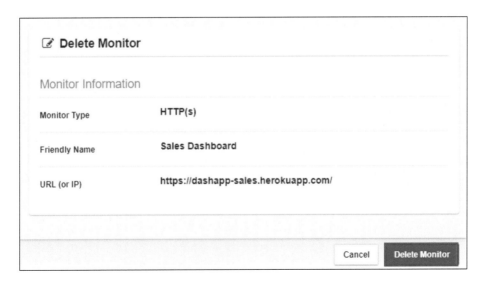

다른 오픈소스 프로그램으로 대시보드 개발하기

이 책은 파이썬을 사용하여 대시보드를 개발하였지만, 다른 오픈소스인 R로도 대시보드 개발이 가능합니다. R은 주로 통계 분석에서 강점이 있는 프로그램이고, 다음의 패키지를 사용하여 대시보드를 개발할 수 있습니다.

1) R - Plotly, Dash

파이썬에서 사용한 동일한 방식으로 Plotly를 이용하여 인터랙티브 시각화가 가능합니다. 일반적으로 많이 사용하는 ggplot 패키지로 시각화를 구현한 뒤에 plotly의 함수로 덮어씌우는 방법도 가능합니다. 대시보드도 Dash를 통해 동일한 방식으로 개발이 가능합니다.

2) R - Shiny

R에서 지원되는 패키지로, Dash와는 입력 방식은 유사하지만 구성과 입력 함수 등 전반적으로 상이합니다.

Business Intelligence(BI) Tool로 대시보드 개발하기

대표적으로 많이 사용되는 BI 툴로는 태블로(Tableau), 클릭센스(QlikSense), 파워BI(Power BI) 등이 있습니다.

이러한 툴의 장점으로는 코딩을 하지 않고, 탑재된 기능을 이용하여 단순히 Drag & Drop으로 간편하게 시각화와 데이터 분석이 가능합니다. 스크립트(Script)를 지원하는 툴에서는 ETL 및 관계형 모델링을 통해 원천 데이터를 마음껏 가공할 수도 있습니다. 단점으로는 Trial 버전이 끝나면 유료로 사용해야 합니다.

학생인 경우, Academic 버전을 제공해주는 툴은 재학증명서를 통해 1년 무료 사용 라이센스를 발급받을 수 있습니다. 라이센스 기간이 만료되면, 동일한 방식으로 재신청하여 갱신할 수 있습니다. (영문 재학증명서, 학교 도메인 이메일을 통해 신청 가능)

마치며

파이썬을 이용한 인터랙티브 시각화와 웹 대시보드 개발 및 배포까지 모두 다루었습니다. 기본적이며 필수적인 내용들 위주로 기술하였기 때문에, 다양한 시각화를 하기에는 충분히 도움이 되지 않을까 생각됩니다.

차트 종류마다 설정할 수 있는 옵션들과 응용할 수 있는 많은 내용들이 있지만, 그러한 내용까지는 모두 다루지 못하여 아쉬움이 남습니다. 다른 오픈소스 프로그램인 R도 사용자가 많기 때문에, R을 이용한 인터랙티브 대시보드 개발과 배포에 대한 내용도 출간해볼까 합니다.

이 책으로 다양한 인터랙티브 시각화와 대시보드를 구현할 때 도움이 되었으면 좋겠고, 데이터 전문가로서의 역량을 키울 수 있길 희망합니다.

감사합니다.

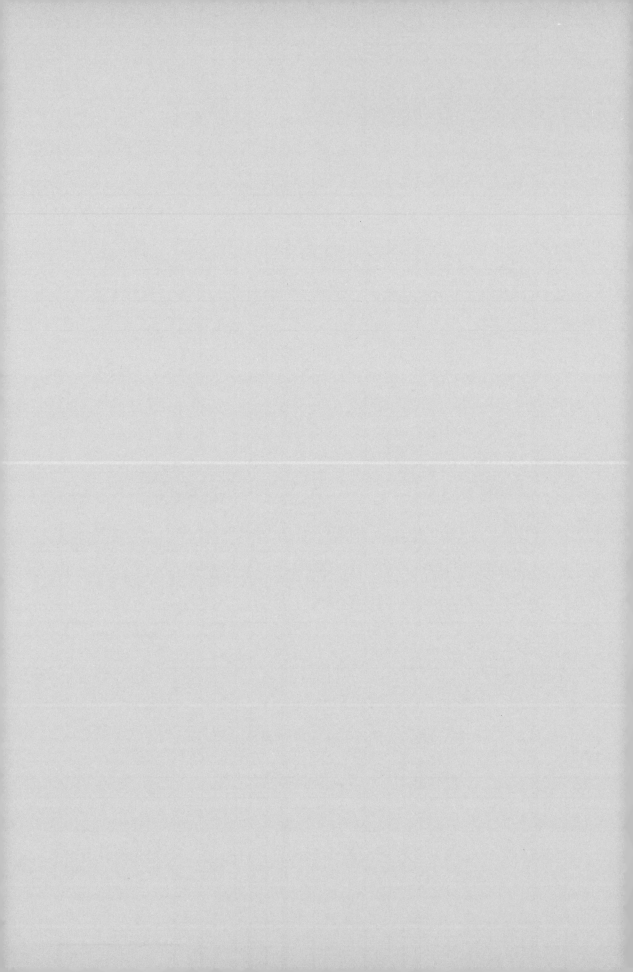